内蒙古财经大学实训与案例教材系列丛书
丛书主编　金　桩　徐全忠

财税一体化综合实验教程

主编　李　英

中国财经出版传媒集团
经济科学出版社
Economic Science Press

图书在版编目（CIP）数据

财税一体化综合实验教程/李英主编.—北京：经济科学出版社，2018.12
ISBN 978-7-5218-0058-6

Ⅰ.①财… Ⅱ.①李… Ⅲ.①税收管理-中国 Ⅳ.①F812.423

中国版本图书馆 CIP 数据核字（2018）第 283415 号

责任编辑：宋　涛
责任校对：王肖楠
责任印制：李　鹏

财税一体化综合实验教程
主编　李　英
经济科学出版社出版、发行　新华书店经销
社址：北京市海淀区阜成路甲 28 号　邮编：100142
总编部电话：010-88191217　发行部电话：010-88191522
网址：www.esp.com.cn
电子邮件：esp@esp.com.cn
天猫网店：经济科学出版社旗舰店
网址：http://jjkxcbs.tmall.com
北京密兴印刷有限公司印装
787×1092　16 开　13 印张　280000 字
2019 年 6 月第 1 版　2019 年 6 月第 1 次印刷
ISBN 978-7-5218-0058-6　定价：33.00 元
（图书出现印装问题，本社负责调换。电话：010-88191510）
（版权所有　侵权必究　打击盗版　举报热线：010-88191661
QQ：2242791300　营销中心电话：010-88191537
电子邮箱：dbts@esp.com.cn）

本书编辑委员会成员

主　　编　李　英
副 主 编　朱润喜
参编人员　沈志远　白晓荣　孟传宗　韩晓霞

前　　言

随着信息化管理手段的普及以及政务信息化的发展，现代企业初步向业务，财务，税务一体化、信息化的方向发展。具备与之相应的业务、财务、税务一体化应用能力的高素质院校毕业生将会有更为广阔的就业前景。财税一体化实验是财务与税务结合的实验课程，重在综合技能的训练，注重实践性、强化实用性和职业性，满足市场对财税专业学生税收知识结构的需要。

该实验课程立足于加强企业业务、财务、税务的模拟练习，使学生通过精心设计的实验课程，了解企业从筹办到经营过程中涉及的工商行政管理、银行管理、税务管理、企业财务管理；掌握发票管理、纳税申报、税款缴纳业务流程；掌握利用税法理论知识解决实践问题的能力。通过模拟的税务申报及开票环境，让学生体验到真实的税务申报及开票流程，对企业以整个筹办活动和经营活动为背景的税务综合实验有更深刻的理解，从而提高学生财税一体化方面的综合业务能力。

本书为满足财政税务专业实验课程而编写，内容主要包括企业筹建期实验、经营期实验和实验案例三部分，具体涉及企业财务管理、防伪税控开票管理、发票认证管理、纳税申报管理等业务。本书需与有关实验教学软件配合使用，本书可作为应用型本科院校经济管理类专业的实验教材，也可作为相关从业人员学习、训练用书，既适用于课堂实验教学，又适用于自学者练习。

本实验教程是由内蒙古财经大学财政税务学院的李英、朱润喜、沈志远、白晓荣、韩晓霞以及广州福斯特公司的孟传宗合作编著的，本书的编写征得广州福斯特公司孟传宗同志的同意与支持，在此表示感谢。由于时间紧迫，水平有限，因此，难免不尽如人意，恳请批评指正，以帮助我们通过修订不断完善。

李　英

2018 年 5 月

目 录
CONTENTS

第一篇 实验概述

第一章 实验教学目标 ·· 3

第二章 实验教学系统 ·· 5

第二篇 企业筹建期实验

第三章 工商业务实验 ··· 13
    第一节 办理企业名称预先核准 ··· 13
    第二节 工商登记 ·· 14

第四章 银行业务实验 ··· 17
    第一节 办理《开户许可证》 ·· 17
    第二节 领取《开户许可证》 ·· 18
    第三节 办理企业网银 ··· 20
    第四节 签订代扣税协议 ·· 21
    第五节 签订委托扣费协议 ·· 22

第五章 税务业务实验 ··· 24
    第一节 新开企业地税报到备案 ··· 24
    第二节 新开企业国税报到备案 ··· 25
    第三节 办理一般纳税人资格登记 ··· 26
    第四节 办理防伪税控认定申请 ··· 28
    第五节 申办 CA 数字证书 ·· 29

第六章 社保业务实验 ··· 31
    第一节 人力资源及社会保障局员工参保登记 ··· 31

第二节　税务局参保和缴费登记 ……………………………………… 32
第三节　开户银行参保登记 …………………………………………… 35

第三篇　经营期实验

第七章　企业财务处理实验 …………………………………………… 39
第一节　会计凭证 ……………………………………………………… 39
第二节　会计科目 ……………………………………………………… 41
第三节　会计账户 ……………………………………………………… 42
第四节　会计账簿 ……………………………………………………… 43
第五节　财务会计报告 ………………………………………………… 48
第六节　岗位设置及职责 ……………………………………………… 50
第七节　实验内容与业务流程 ………………………………………… 52

第八章　发票领购管理实验 …………………………………………… 54
第一节　发票概述 ……………………………………………………… 54
第二节　增值税专用发票 ……………………………………………… 56
第三节　发票领购管理 ………………………………………………… 57
第四节　实验内容与业务流程 ………………………………………… 58

第九章　增值税防伪税控开票实验 …………………………………… 61
第一节　发票领购与开具 ……………………………………………… 61
第二节　防伪税控开票系统 …………………………………………… 62
第三节　实验内容与流程 ……………………………………………… 65

第十章　专用发票抵扣认证实验 ……………………………………… 69
第一节　发票认证管理 ………………………………………………… 69
第二节　实验内容与业务流程 ………………………………………… 71

第十一章　企业电子报税管理实验 …………………………………… 73
第一节　纳税申报 ……………………………………………………… 73
第二节　税款征收 ……………………………………………………… 75
第三节　税务凭证与纳税申报表 ……………………………………… 76
第四节　实验内容与业务流程 ………………………………………… 78
第五节　增值税小规模纳税人申报管理实验操作 …………………… 81

第四篇 实验案例

第十二章 增值税实验案例 ········· 85
第一节 一般纳税人实验案例 ········· 85
第二节 小规模纳税人实验案例 ········· 131

第十三章 消费税实验案例 ········· 144
第一节 成品油消费税实验 ········· 144
第二节 酒类消费税实验 ········· 150
第三节 烟类消费税实验 ········· 161
第四节 其他应税消费品消费税实验 ········· 169

第十四章 所得税实验案例 ········· 174
第一节 企业所得税实验 ········· 174
第二节 个人所得税实验 ········· 181

第十五章 综合实验案例 ········· 186
第一节 企业筹建期实验 ········· 186
第二节 企业经营期实验 ········· 187

参考文献 ········· 198

第一篇 实验概述

第一章　实验教学目标

一、实验性质与任务

随着我国经济的高速发展，财会类人才的技术性、应用性引起企业越来越多的重视，以理论讲解为主的教学模式已经越来越不适应时代发展的要求。本课程采用具有典型意义的行业案例，模拟一家企业从筹建到经营的真实业务，采用社会上广泛使用的最新票据，精心挑选案例的每一笔业务，以最简洁的案例，体现最全面的知识点，全方位培养学生的综合能力。业务涉及了工商局、税务局、银行、人社局等实训单位，以及会计、出纳、会计主管等实训岗位。本课程注重实践性、强化实用性和职业性，遵循"教、学、练、考"一体化的目标，构建基于职业能力本位的、切实有效的综合实训教学体系，以培养社会需要的人才。

二、实验教学目标

（1）学生通过财税一体化实训课程，掌握企业日常业务处理包括原始凭证填制、记账凭证填制、登记账簿、编制报表、会计电算化操作等。

（2）学生通过财税一体化实训课程，掌握现行税收制度的基本规定，了解熟悉企业与税务局往来业务中的关联业务，掌握税种核定事项的基本流程和知识；掌握增值税、消费税、企业所得税、个人所得税等税种的计算方法和纳税申报程序。

（3）学生通过财税一体化实训课程，掌握企业与银行往来经济业务处理的基本知识与操作技能。

（4）学生通过财税一体化实训课程，了解熟悉企业与工商往来业务中的关联业务；掌握每项工商业务表单的填写及需要的单据资料；掌握每项工商业务的实际操作流程。

（5）学生通过财税一体化实训课程，掌握企业与海关往来经济业务处理的基本知识与操作技能。

（6）学生通过财税一体化实训课程，能够有效将理论知识与实际操作结合在一起，多专业知识的学习有利于其综合能力的提升。

（7）学生通过财税一体化实训课程，能较好适用实际工作中的岗位，毕业即上岗。

三、实验内容

（一）企业筹建期实验

（1）工商业务。
（2）银行业务。
（3）税务业务。
（4）社保业务。

（二）经营期实验

（1）企业财务处理实验。
（2）发票领购管理实验。
（3）增值税防伪税控开票实验。
（4）发票认证抵扣实验。
（5）电子报税实验。

第二章　实验教学系统

单击 IE 浏览器,输入"福思特财税一体化综合实训实验室教学系统"的 IP 地址后,首先会显示此系统的主界面,如图 2-1 所示。

图 2-1　财税一体化综合实训实验室教学系统

在图 1-1 用户登录页面中输入用户账号及密码后,点击【登录】,进入地图,如图 2-2 所示。

在图 2-2 中点击【建筑的名称】会显示对应建筑物的介绍,点击【开始】,进入案例选择界面,如图 2-3 所示。

图 2-2 地图

图 2-3 选择案例

在图 2-3 中点击对应案例进入相关案例，如图 2-4 及图 2-5 所示。筹建期企业未租用场地则在图 2-3 中点击对应案例直接进入图 2-4，若企业已租用场地则在图 2-3 中点击对应案例直接进入图 2-5。

图2-4 企业系统首页

图2-5 案例首页——工业区

在图2-4、图2-5中点击【切换角色】，切换至企业办事员外的其他角色；或点击图2-5中的【切换到商业区】，则可以跳转到商业区，如图2-6所示。

图2-6 案例首页——商业区

本系统提供了商业区与工业区，点击三维图左上角【切换到商业区】可进入商业区。本系统所有业务以工业区的广州市华美手表制造有限公司为例。在图2-4、图2-5及图2-6中，单击左边【切换角色】，可选择企业办事员、银行柜员、国税柜员、地税柜员、工商柜员、人社柜员等不同的角色。对应角色进入对应实训实体进行业务操作，如果角色与实体不对应则只能看到当前实体的办公场景。

点击【场景指引】可观看相关的场景动画，如图2-7所示。

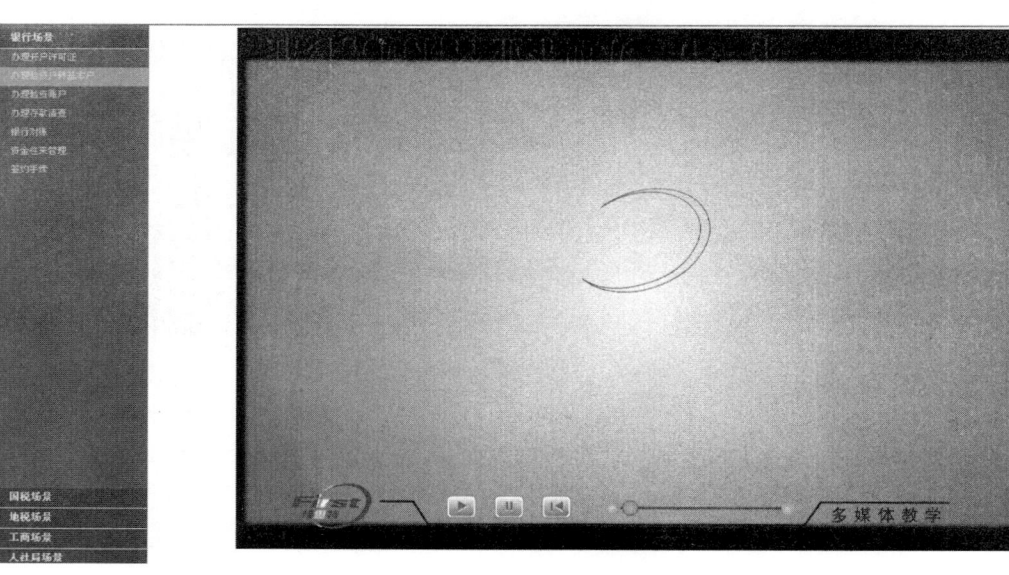

图2-7 场景指引

点击【操作帮助】可查看文字帮助,如图 2-8 所示。

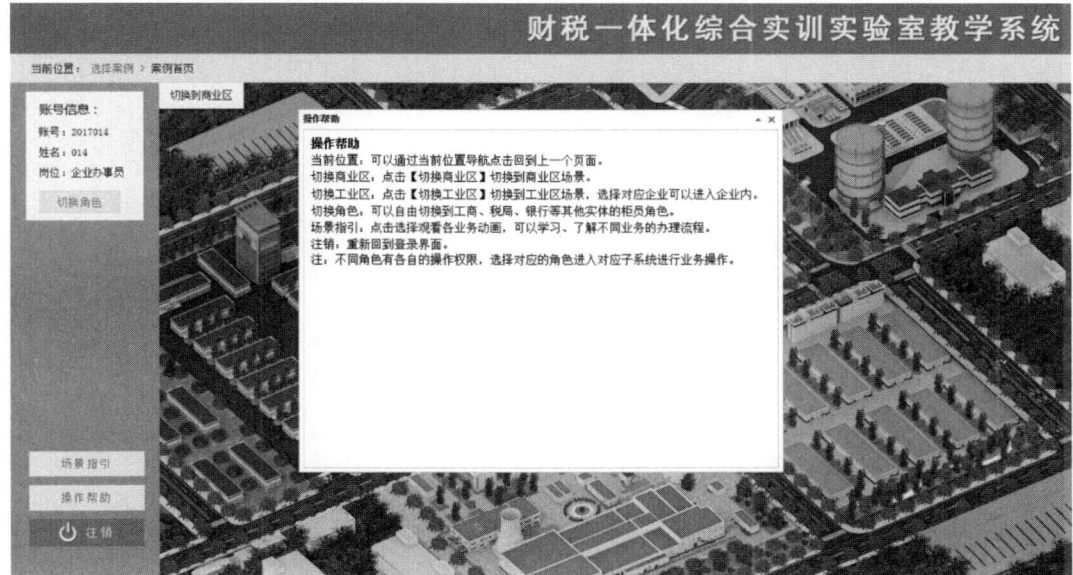

图 2-8　操作帮助

第二篇　企业筹建期实验

　　企业筹建期业务涉及了工商局、税务局、银行、人社局等单位。本实验实践性强，操作性强，实验中要求学生综合多个领域的知识来完成整个实验，达到系统地、全面地熟悉、掌握企业筹办期涉及的相关工作（见下图）。

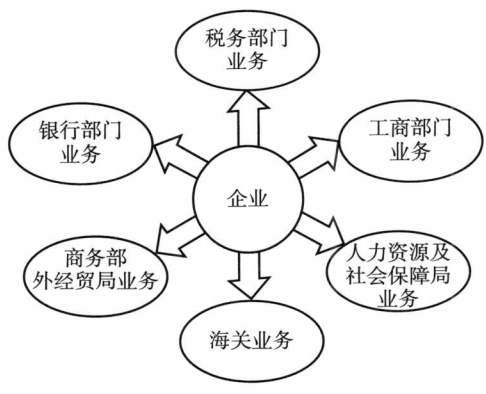

筹建期知识结构图

第三章 工商业务实验

本章学习目标：
(1) 掌握《企业名称预先核准申请书》的填写；
(2) 识记企业名称预先核准申请的所需资料；
(3) 熟悉企业名称预先核准申请的办事流程；
(4) 熟悉领取《企业名称预先核准通知书》的办事流程。

第一节 办理企业名称预先核准

一、企业名称预先核准的概念

企业名称预先核准是企业名称登记的特殊程序，指的是设立公司应当申请名称预先核准，这样可以使企业避免在筹组过程中因名称的不确定性而带来的登记申请文件、材料使用名称杂乱，并减少因此引起的重复劳动、重复报批现象。三个股东商议建立公司，起名并委托一个股东去工商局办理名称预先核准申请以及企业设立登记。

二、办理名称预先核准申请所需的资料

企业需要提供的资料：包括指定代表或者委托代理人的身份证原件及复印件。工商局需要提供的资料包括：
(1)《企业名称预先核准申请书》一式两份；
(2)《受理通知书》或《收到材料凭据》；
(3)《企业名称预先核准通知书》。
办事流程图如图 3–1 所示。

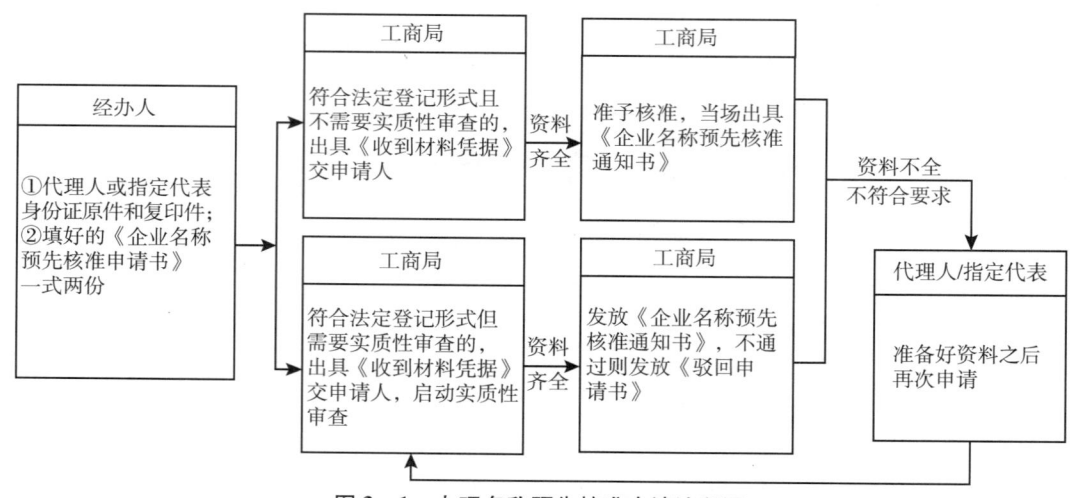

图 3-1 办理名称预先核准申请流程图

三、企业名称预先核准实验内容

（1）填写《企业名称预先核准申请书》。
（2）办理名称预先核准申请。
（3）领取《企业名称预先核准通知书》。

四、实验过程

第一步：填写《企业名称预先核准申请书》并提交资料。

登录系统企业端，选择办理本业务所需要的资料原件进行复印，填写《企业名称预先核准申请书》并提交资料。

第二步：办理企业名称预先核准申请。

登录工商系统，根据企业办事员所办理的业务，工商柜员查看企业办事员的资料是否提交齐全，对资料进行审核。

第三步：审核企业名称预先核准申请。

工商柜员在录入企业名称预先核准申请的信息之后，审阅企业提交的资料是否有错漏，资料若审核无误，填写完成相关表格之后，进行"核准"。

第二节 工商登记

一、工商登记的概念

工商登记是政府在对申请人进入市场的条件进行审查的基础上，通过注册登记确认申请者从事市场经营活动的资格,使其获得实际营业权的各项活动的总称。三个股东商议建立公司,起名并委托一个股东去工商局办理名称预先核准申请以及企业设立登记。本课时着重于企业设立登记核准申请并取得《工商设立登记受理通知书》和《营业执照》的办理过程。企业在去工商局设立登记前必须先确认经营场所,完成租用营业场地。

二、办理设立登记的所需资料

(1)《公司登记(备案)申请书》包括6张附表如下:
- 法定代表人信息表;
- 董事、监事、经理信息表;
- 股东(发起人)出资情况表;
- 联络员信息;
- 财务负责人信息表;
- 承诺书。

(2)税务登记事项表。

(3)《指定代表或者共同委托代理人授权委托书》及指定代表或者委托代理人的身份证原件、复印件。

(4)全体股东签署的公司章程。

(5)股东的主体资格证明或者自然人身份证原件、复印件。

(6)董事、监事和经理的任职文件(股东会决议由股东签署,董事会决议由董事签字)及身份证原件、复印件。

(7)法定代表人任职文件(股东会决议由股东签署,董事会决议由董事签字)及身份证原件、复印件。

(8)住所使用证明(例如租赁合同复印件)。

(9)《企业名称预先核准通知书》。

办事流程图如图3-2所示。

三、工商登记内容

(1)填写《公司登记(备案)申请书》及6张附表。

(2)填写《税务登记事项表》。

(2)填写《指定代表或者共同委托代理人授权委托书》。

(3)签署公司章程和董事、监事和经理的任职文件以及法定代表人任职文件。

(4)企业设立登记办事并取得《企业准予设立登记通知书》和《营业执照》的办事流程。

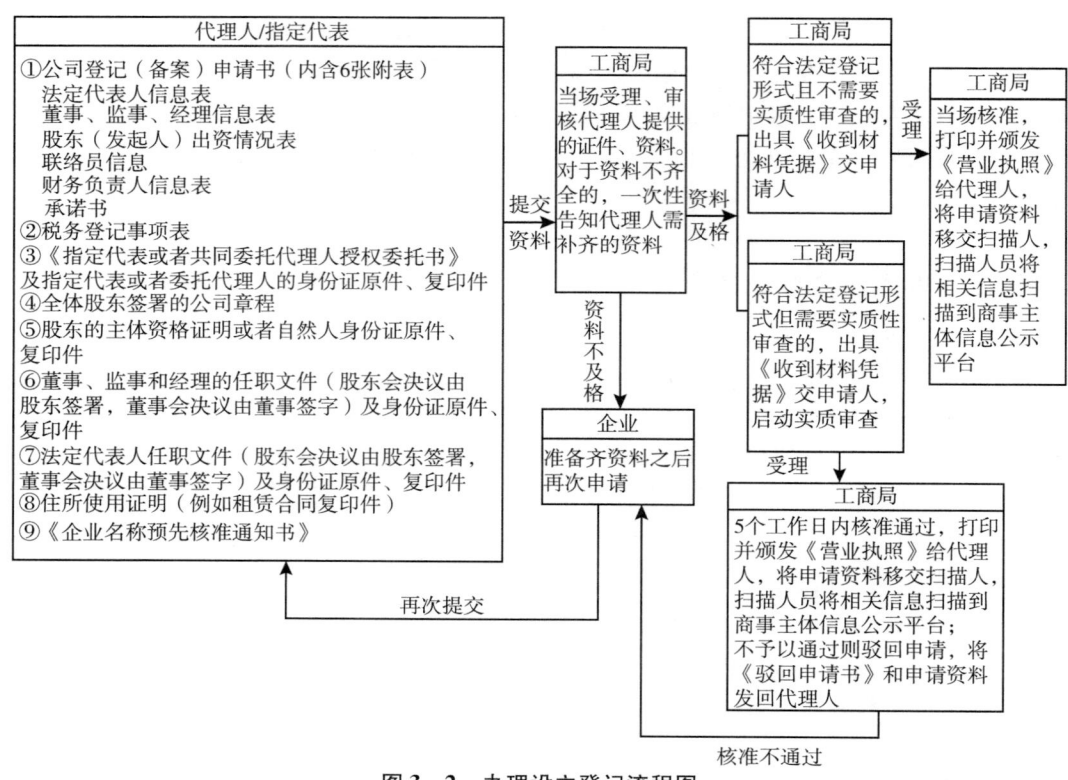

图 3-2 办理设立登记流程图

四、实验过程

第一步：复印身份证；
第二步：租用营业场所并签订租赁合同；
第三步：填写《公司登记（备案）申请书》等表单并提交资料；
第四步：工商柜员审阅资料；
第五步：领取《营业执照》。

本 章 小 结

三个股东商议建立公司，起名并委托一个股东去工商局办理名称预先核准申请以及企业设立登记。本课时着重于企业名称预先核准申请和领取《企业名称预先核准通知书》的办理过程。企业筹建期必须去公安局指定刻章地点刻章取章。

实验操作题

1. 办理企业名称预先核准。
2. 新办企业办理工商营业执照。

第四章　银行业务实验

本章学习目标：
（1）掌握办理《开户许可证》和领取《开启许可证》业务；
（2）识记领取《开户许可证》所需资料；
（3）熟悉办理企业网银的办事流程；
（4）熟悉签订扣税和费协议的办事流程。

第一节　办理《开户许可证》

一、银行《开户许可证》

企业筹建需要开立基本账户。银行《开户许可证》是由中国人民银行核发的一种开设基本账户的凭证。凡在中华人民共和国境内金融机构开立基本存款账户的单位可凭此证，办理其他金融往来业务。存款账户分为基本存款账户、一般存款账户、临时存款账户和专用存款账户。基本存款账户是存款人办理日常转账结算和现金收付的账户。存款人的工资、奖金等现金的支取，只能通过基本存款账户办理。临时存款账户有效期限由当地人民银行参照临时营业执照的有效时间或有权部门批准设立外来临时机构时间核定。借款转存账户有效期限根据借款合同约定的借款期限核定。专用存款账户有效期限由当地人民银行根据规定资金用途需要核定。

二、办理《开户许可证》所需资料

企业需要的资料如下：
（1）《营业执照》副本原件及复印件；
（2）法定代表人身份证原件及复印件（以上复印件需加盖企业公章）；
（3）企业公章、财务章、法人章。
银行需要的资料如下：

（1）《开户申请书》一式三联；
（2）银行预留章印鉴卡。
操作流程如图4-1所示。

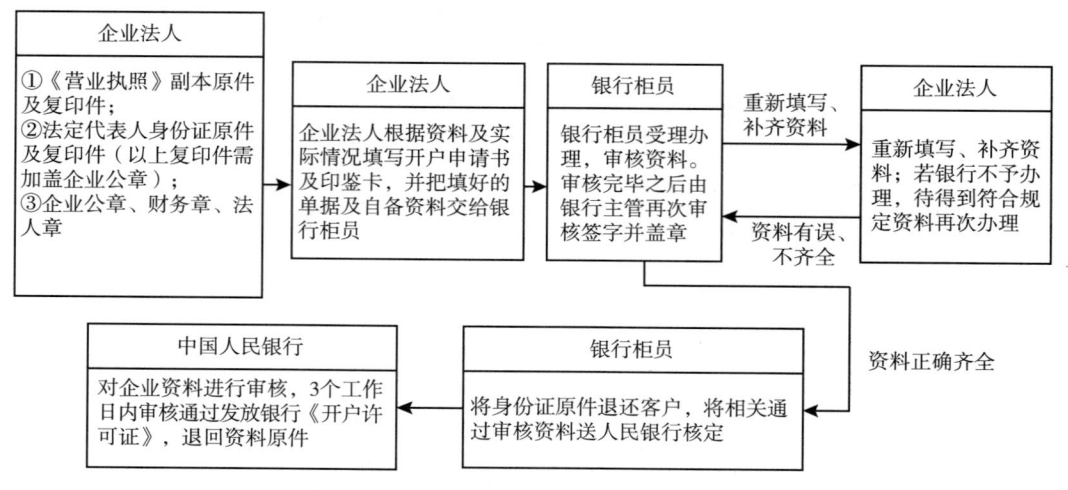

图4-1　企业办理《开户许可证》流程图

三、办理银行《开户许可证》实验内容

（1）填写《开户申请书》。
（2）银行印鉴卡盖章。

四、实验过程

第一步：填写《开户申请书》并提交资料。
企业办事员登录系统，填写《开户申请书》并盖章、保存；点击下一页填写印鉴卡、保存，完成后勾选办事资料，并提交数据。
第二步：银行柜员审核资料。
资料审核无误，信息补充完整。填写完毕后保存。
第三步：办理基本账户。

第二节　领取《开户许可证》

企业成功开立基本账户除了会发放《开户许可证》，还会发放一个《机构信用代码证》，凭证件可以查阅企业及组织机构在银行的信用信息及银行借贷款记录。

一、领取《开户许可证》所需资料

企业领取《开户许可证》需要的资料如下：
（1）《准予行政许可决定书》（人民银行出具的）；
（2）法定代表人身份证原件；
（3）公章、法人章、财务专用章。
银行需要提供的资料如下：
（1）《开户许可证》；
（2）《机构信用代码证》；
（3）《账户管理协议》；
（4）密码函。
操作流程如图4-2所示。

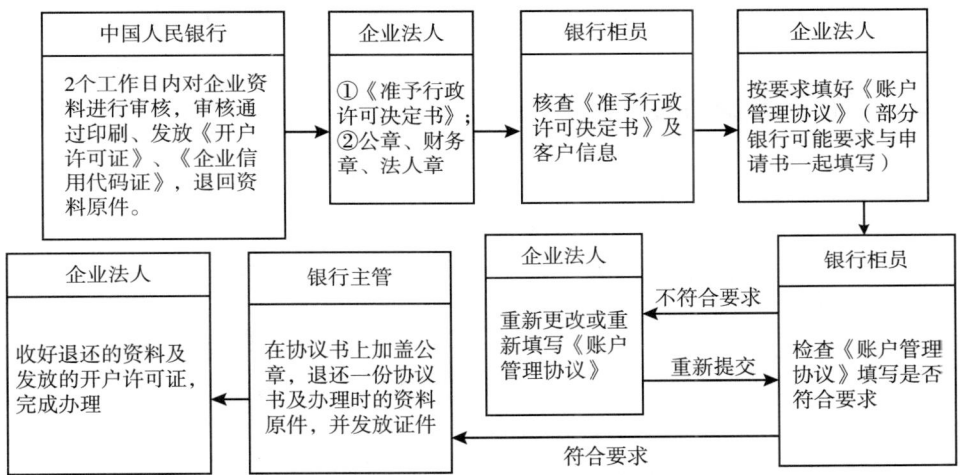

图4-2 企业领取《开户许可证》流程图

二、领取《开户许可证》实验内容

（1）填写《账户管理协议》；
（2）企业领取《开户许可证》。

三、实验过程

第一步：填写《账户管理协议》并提交资料。
企业办事员登录系统企业端，完成《账户管理协议》后，保存并提交。

第二步：领取《开户许可证》及《机构信用代码证》。

银行柜员，登录银行系统，资料审核无误，银行主管在账户管理协议上盖银行协议专用章，发放《开户许可证》及《机构信用代码证》。

第三节　办理企业网银

企业经营过程需要使用网上转账业务的，要开通网上银行。

一、企业办理网银业务所需资料

（1）《开户许可证》原件及复印件；
（2）《营业执照》副本原件及复印件（复印件加盖公章）；
（3）法人身份证原件及复印件（复印件加盖公章）；
（4）代办人身份证原件及复印件。

二、银行需要提供的资料单据

（1）《电子银行业务申请表》（银行自留一份）；
（2）《电子银行服务协议》（银行自留一份）；
（3）U盾；
（4）密码函。

操作流程如图4-3所示。

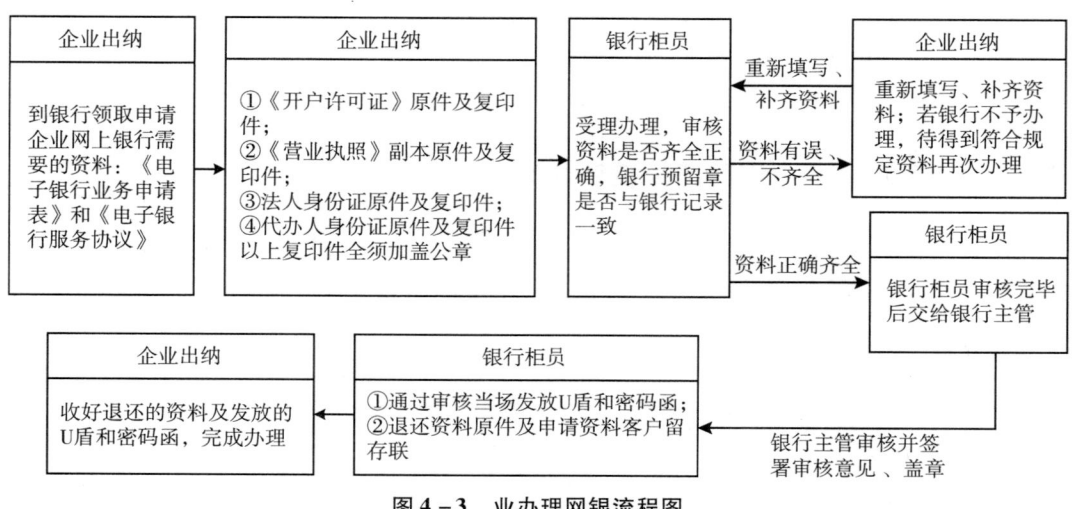

图4-3　业办理网银流程图

三、企业办理网上银行实验内容

（1）填写《电子银行业务申请表》。
（2）填写《电子银行服务协议》。
（3）企业网银开通办理。

四、实验过程

第一步：填写《电子银行业务申请表》等相关表格并提交资料。

企业办事员登录系统选择"开通企业网银"全部表单完成之后，勾选办事资料，再提交数据，完成办理。

第二步：银行柜员审阅资料。

银行柜员登录系统，在工作台根据企业办事员的业务需要选择业务类型，完成资料审阅工作。

第三步：办理业务。

银行柜员审核完成办理企业网银业务，生成管理员和操作员的密码函。

第四步：银行柜员录入企业注册资金。

银行柜员进入资金结算中心，根据股东的情况输入相关信息，将股东的资金转入企业账户。

第四节　签订代扣税协议

一、企业签订扣税协议的所需资料

企业若需要通过银行扣税则需要与银行签订国税与地税的扣税协议，企业签订扣税协议的所需资料：

①《营业执照》副本原件；
②经办人身份证原件；
③基本账户《开户许可证》；
④法人身份证复印件。

税务局需要提供：
《电子缴税入库系统委托划缴税（费）协议书》一式四联。
办事流程如图4-4所示。

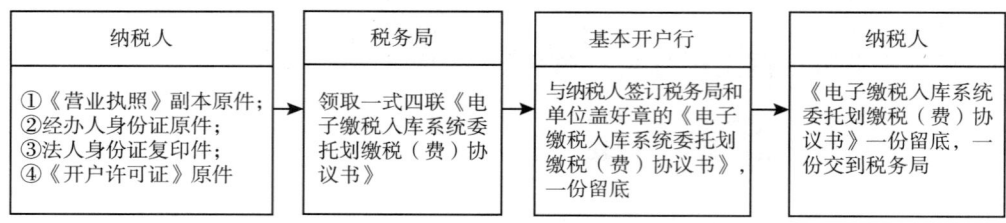

图 4-4　企业签订扣税协议流程图

二、企业签订扣税协议实验内容

（1）填写《电子缴税入库系统委托划缴税（费）协议书》。
（2）签订扣税协议的流程。

三、实验过程

第一步：填写《电子缴税入库系统委托划缴税（费）协议书》并提交资料。

企业办事员登录系统企业端，选择"委托银行扣税费"填写完毕相关资料，并保存数据，勾选办事资料，再提交数据，完成办理。

第二步：银行柜员审阅资料。

银行柜员登录系统，在工作台根据企业办事员的业务需要选择业务类型，审阅资料，录入信息并保存。

第三步：办理业务。

银行柜员进入审核页面，办理签订代扣税协议。

第五节　签订委托扣费协议

企业若需要通过银行扣除相关费用可以与银行、电信营业厅、中国南方电网、自来水公司签订委托扣费三方协议委托银行扣款，本课时着重于扣费协议的签订过程。需要《代扣业务三方协议》的填写，熟悉签订扣费协议的流程，识记办理签订扣费协议的所需资料。

一、企业签订委托扣费协议的所需资料

①《营业执照》副本原件。
②经办人身份证原件。
③基本账户《开户许可证》。

④法人身份证复印件（已盖章）。

电信营业厅/中国南方电网/自来水公司需要提供：

①《代扣业务三方协议》（电话费）一式三份。
②《代扣业务三方协议》（电费）一式三份。
③《代扣业务三方协议》（水费）一式三份。

办事流程如图 4-5 所示。

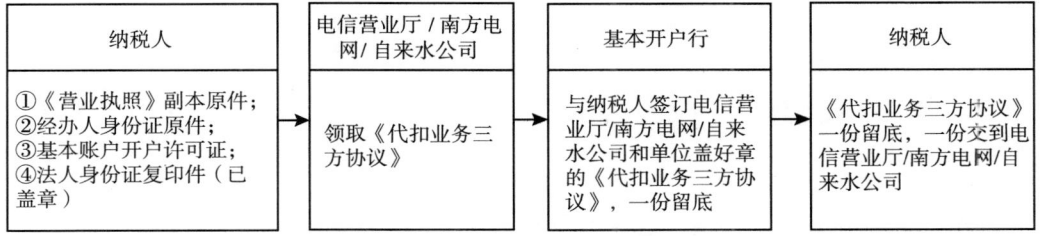

图 4-5　企业签订委托扣费协议流程图

二、实验内容

（1）填写《代扣业务三方协议》。
（2）签订扣费协议的流程。

三、实验过程

第一步：填写《代扣业务三方协议》并提交资料。
第二步：银行柜员审阅资料。
第三步：办理银行代扣业务三方协议业务。

本 章 小 结

企业需按要求办理并领取《开户许可证》，办理企业网上银行，签订代扣税费协议。本课时着重于企业有关银行业务的办理。

实验操作题

1. 新办企业办理银行开户。
2. 新办企业办理企业网银。
3. 新办企业签订代扣税费协议。

第五章 税务业务实验

本章学习目标：
（1）掌握《纳税人存款账户账号报告表》《财务会计制度及核算软件备案报告书》的填写；
（2）识记办理地税报到备案登记的所需资料；
（3）熟悉新开企业地税报到备案登记的办事流程；
（4）掌握一般纳税人资格登记的办理；
（5）掌握办理防伪税控认定的办理；
（6）国税 CA 证书的申办流程。

第一节 新开企业地税报到备案

一、企业办理税种登记所需材料

（1）《营业执照》正、副本原件。
（2）已盖章《委托划缴税协议书》地税留存联。
（3）《开户许可证》原件复印件。
（4）纳税人存款账户账号报告表（一式两份）。
（5）财务会计制度及核算软件备案报告书（一式两份）。
地税局需要提供的资料：地税《税务事项通知书》。
操作流程如图 5-1 所示。

二、企业办理税种登记实验内容

（1）填写地税《纳税人存款账户账号报告表》《财务会计制度及核算软件备案报告书》。

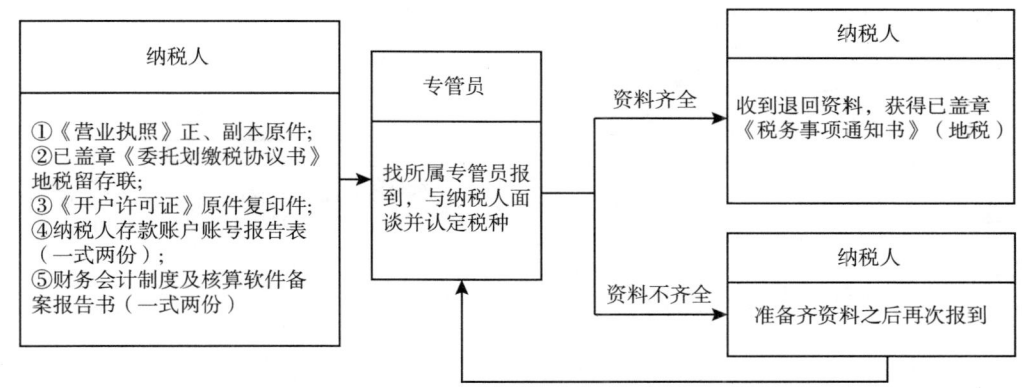

图 5-1 办理地税报到备案登记流程图

（2）填写地税《网上申报纳税协议书》（开通网上报税填写）。
（3）领取地税《税务事项通知书》。

三、实验过程

第一步：填写《网上申报纳税协议书》《纳税人存款账户账号报告表》《财务会计制度及核算软件备案报告书》，并提交资料。

第二步：地税柜员审阅资料，并进行地税税种认定。

浏览并审核企业提交的资料。资料审核无误，进入税种登记编辑页面，根据已审核的资料，把相关税种认定的信息补充完整并保存信息。

第三步：发放《税务事项通知书》。

完成地税税种登记备案之后，发放《税务事项通知书》，完成地税报到备案登记。

第二节　新开企业国税报到备案

一、企业办理税种登记的所需材料

（1）《营业执照》副本原件。
（2）《开户许可证》原件复印件。
（3）已盖章《委托划缴税协议书》国税留存联。
（4）财务、会计制度或处理办法说明。
（5）纳税人存款账户账号情况表（一式两份）。
（6）财务会计制度及核算软件确认书（一式两份）。

国税局需要提供的资料：《税务事项通知书》。

操作流程如图 5-2 所示。

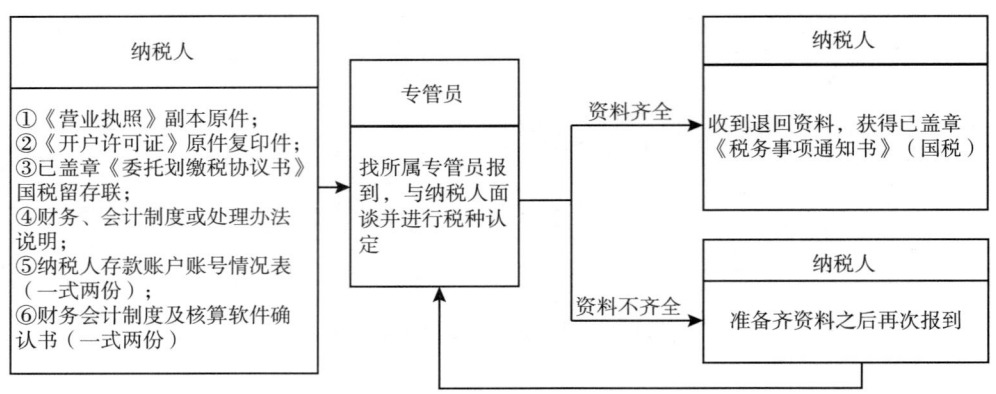

图 5-2　办理新开企业国税报到备案流程图

二、新开企业国税报到备案实验内容

（1）填写《纳税人存款账户账号报告表》《财务会计制度及核算软件备案报告书》。
（2）领取国税《税务事项通知书》。

三、实验过程

第一步：填写《纳税人存款账户账号报告表》《财务会计制度及核算软件备案报告书》，并提交资料。

第二步：国税柜员审核资料，并进行国税税种认定。

浏览并审核企业提交的资料。资料审核无误，进入税种登记编辑页面，根据已审核的资料，把相关税种需要登记的信息补充完整并保存信息。

第三步：发放《税务事项通知书》。

完成国税税种登记备案之后，发放《税务事项通知书》，完成税种登记备案。此时企业档案库会自动生成《税务事项通知书》。

第三节　办理一般纳税人资格登记

一、企业办理申请一般纳税人资格登记所需的资料

（1）营业执照的副本原件。

(2) 填好的《增值税一般纳税人资格登记表》(一式两份)。

国税局需要提供的资料:《增值税一般纳税人资格登记表》(一式两份)。

操作流程如图 5-3 所示。

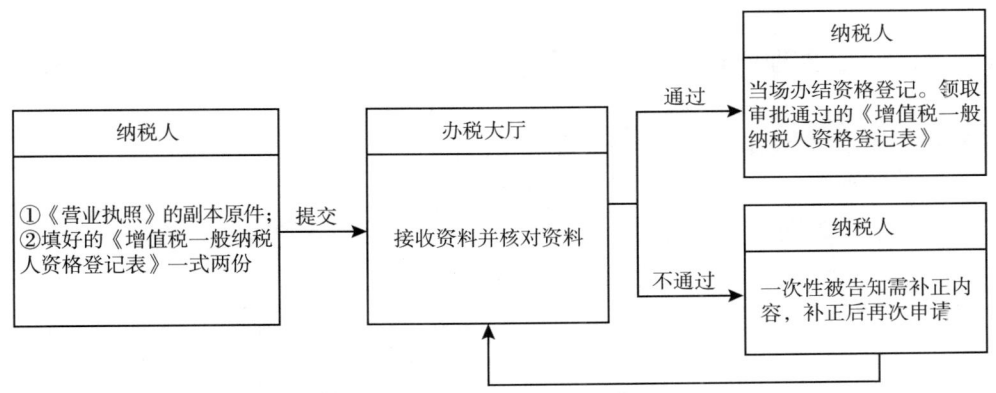

图 5-3 办理一般纳税人资格登记的流程图

二、办理一般纳税人资格登记实验内容

(1) 填写《增值税一般纳税人资格登记表》(一式两份)。
(2) 办理一般纳税人资格登记申请需要准备及提交资料。

三、实验过程

第一步:填写《增值税一般纳税人资格登记表》,并提交资料。

企业办事员登录系统企业端,填写《增值税一般纳税人资格登记表》,填写完毕,并保存数据,勾选办事资料,再提交数据。

第二步:国税柜员审阅资料。

国税柜员登录系统,点击工作台,在未处理业务中,根据企业办事员的业务需要选择业务类型,浏览并审阅企业所提交资料。资料审核无误,将信息补充完整并保存,确认登记。点击【给办事员】,完成办理。

第三步:确认完成办理后,办事员点击系统管理——企业资料管理中完成修改增值税类型和初始化日期。

第四节　办理防伪税控认定申请

一、企业办理防伪税控认定申请所需的资料

审批通过的《增值税一般纳税人资格登记表》。
国税局需要提供的资料：《防伪税控资格认定申请审批表》（一式三份）。
办事流程图如图 5-4 所示。

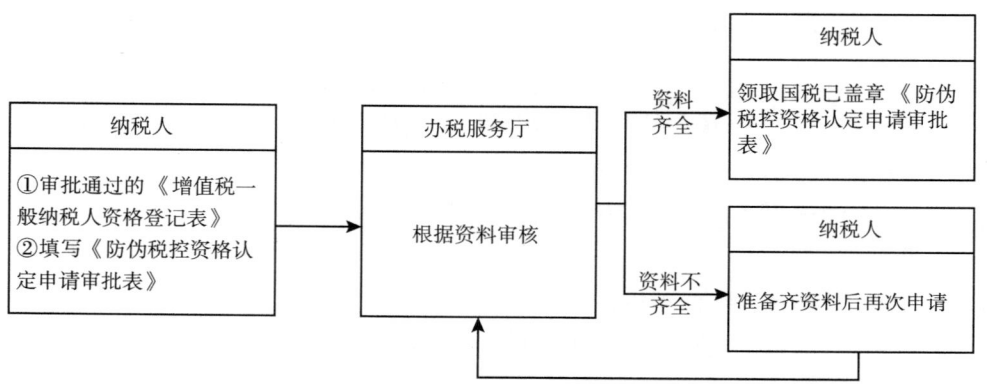

图 5-4　办理防伪税控认定申请流程图

二、办理防伪税控认定实验内容

办理领取《防伪税控资格认定申请审批表》需要准备及提交资料。

三、实验内容

第一步：填写《防伪税控资格认定申请审批表》，并提交资料。
企业办事员登录系统企业端，进入《防伪税控资格认定申请审批表》，填写完毕，并保存数据，勾选办事资料，再提交数据。
第二步：国税柜员审阅资料。
国税柜员登录系统，点击工作台，根据企业办事员的业务需要选择业务类型，进入页面。浏览并审阅企业所提交资料。资料审核无误，将信息补充完整，保存并确认，"给办事员"完成办理。

第五节　申办 CA 数字证书

一、申办 CA 数字证书的所需资料

（1）《机构（企业）数字证书申请表》（一式三份）。
（2）《营业执照》副本原件及复印件。
（3）经办人身份证原件及复印件。
办事流程如图 5–5 所示。

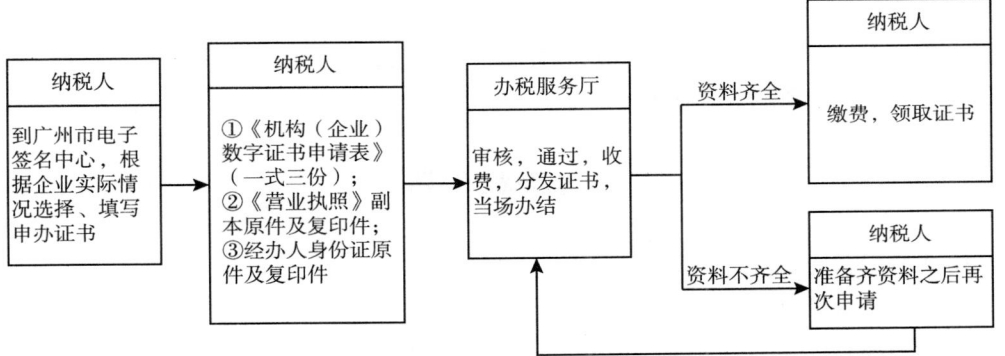

图 5–5　企业申办 CA 数字证书流程图

二、申办 CA 数字证书实验内容

（1）填写《机构（企业）业务数字证书申请表》。
（2）领取 CA 数字证书。

三、实验过程

第一步：填写《机构（企业）业务数字证书申请表》。
企业办事员点击【申办 CA 数字证书】，进入业务表单填写页面。填写《机构（企业）业务数字证书申请表》，并加盖企业公章，勾选办事资料后保存并提交数据。
第二步：国税柜员审阅资料。
国税柜员选择相关业务，浏览并审核资料，资料审核无误，在《机构（企业）业务数字证书申请表》上加盖印章，保存数据，并"审核"。

第三步：发放 CA 数字证书。

完成资料审核后，给办事员，完成办理。

第四步：核定领用发票。

国税柜员选择国税管理——一般纳税人发票管理——核定领用发票进入核定，输入相关信息后（增值税普通发票默认领购数量为 1 本，增值税专用发票默认领购数量为 15 份，增值税普通发票和专用发票开票机限额都默认为仟万元），点击【保存】即可。

本 章 小 结

企业设立登记时领取《营业执照》相当于办理了税务登记，无须再去税务局办理，但是仍需去办理地税报到备案登记，企业需根据企业规模，按要求办理一般纳税人资格登记。企业申请一般纳税人资格登记后才能办理防伪税控认定申请，通过申请才可以采购防伪税控设备。纳税人到国税数字证书服务点开通国税应用。

本课时着重于新开企业地税报到备案登记的办理，一般纳税人资格登记的办理，办理防伪税控认定申请以及国税 CA 证书的申办。

实验操作题

1. 新办企业办理税务登记。
2. 新办企业办理一般纳税人资格登记。

第六章 社保业务实验

本章学习目标：
（1）掌握参加社会保险人员增减表的填写；
（2）熟悉"参保登记——员工参保登记"办事流程；
（3）识记办理"参保登记——员工参保登记"的所需资料；
（4）掌握税务（社保缴费）登记表、参保员工花名册、缴费单位应缴险种登记表的填写；
（5）熟悉"参保登记——缴费登记"办事流程；
（6）识记办理"参保登记——缴费登记"的资料；
（7）掌握委托划缴税协议书的填写；
（8）熟悉"参保登记——签约手续"办事流程；
（9）识记办理"参保登记——签约手续"的资料；
（10）掌握社会保险费明细申报表的填写；
（11）熟悉"参保登记——审核确定"办事流程；
（12）识记办理"参保登记——审核确定"的资料。

第一节 人力资源及社会保障局员工参保登记

一、企业办理参保登记所需资料（见图6-1）

（1）参保人员身份证复印件一份。
（2）《开户许可证》原件及复印件。
（3）《营业执照》副本原件及复印件。
（4）经办人身份证原件。
（5）参加社会保险人员增减表。
人社局需要提供的资料：盖章确认的社会保险登记表。

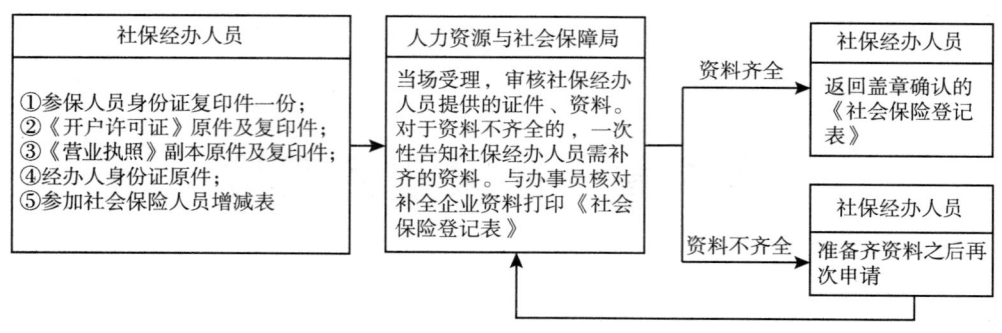

图 6–1 参保登记——员工参保登记流程图

二、企业办理参保登记实验内容

（1）填写参加社会保险人员增减表。
（2）"参保登记——员工参保登记"办事流程。

三、实验过程

第一步：填写《参加社会保险人员增减表》等表单并提交资料。

企业办事员登录系统企业端，进入社保参保登记页面，填写《参加社会保险人员增减表》，勾选办事资料，保存并提交数据。

第二步：人社局柜员审阅资料。

登录人力资源与社会保障局系统，进入页面。找到所属企业，浏览并审核企业提交的资料。资料审核无误，在《参加社会保险人员增减表》上补充人社局应填信息加盖人社局业务章，并保存数据。点击 审核 后回到相关页面，点击 编辑 ，进入社保登记编辑页面，根据已审核的资料，把相关信息补充完整，点击 保存 ，保存信息。再点击 审核 ，完成办理。盖章打印的《社会保险登记表》会自动发到企业档案库。

第二节 税务局参保和缴费登记

一、企业办理参保登记和缴费登记所需资料

（1）盖章确认的社会保险登记表。

(2) 经办人身份证原件及复印件。
(3) 营业执照副本原件及复印件。
(4) 法人身份证原件及复印件。
(5) 参保员工花名册。
地税局需要提供的资料：
(1) 税务（社保缴费）登记表。
(2) 缴费单位应缴险种登记表。
办事流程如图6-2所示。

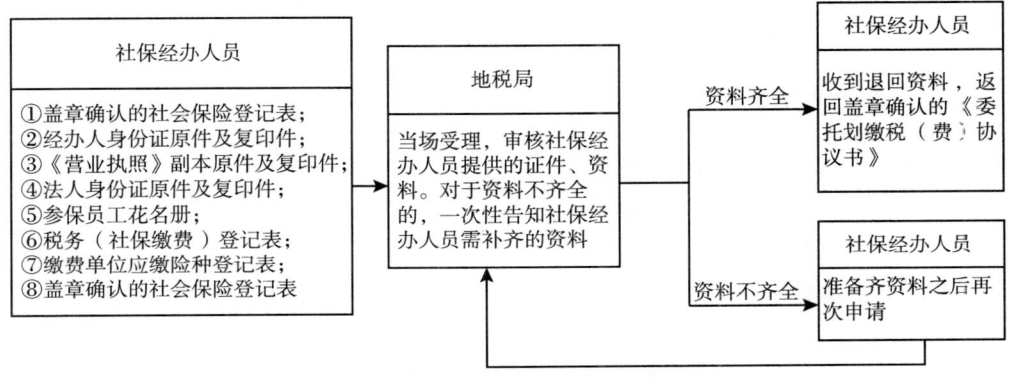

图6-2 参保登记——缴费登记流程图

二、企业办理参保登记和缴费登记实验内容

(1) 填写税务（社保缴费）登记表、参保员工花名册、缴费单位应缴险种登记表。
(2) 参保登记——缴费登记办事流程。

三、税局参保登记审核确定

（一）企业办理参保登记——审核确定的所需资料

(1)《委托划缴税（费）协议书》。
(2) 填好的《社会保险费明细申报表》。
(3) 经办人身份证原件及复印件。
地税局需要提供的资料：
(1) 已盖章的《委托划缴税（费）协议书》。
(2) 社会保险明细申报表。
办事流程如图6-3所示。

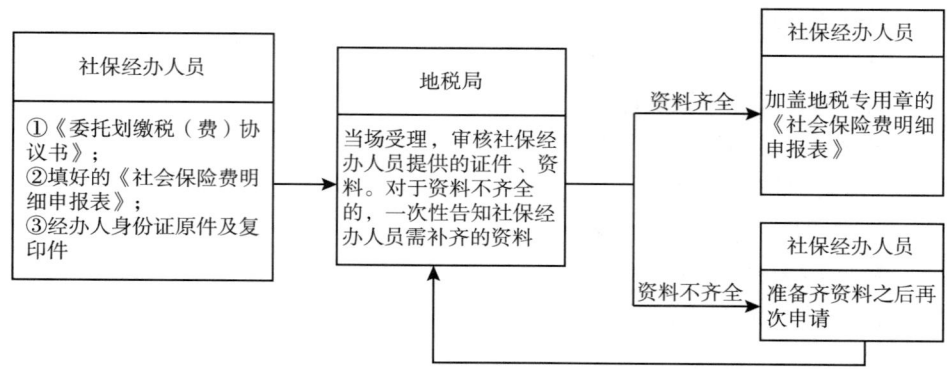

图 6-3 参保登记——审核确定流程图

(二) 实验内容

(1) 填写《社会保险费明细申报表》。
(2) 参保登记——审核确定办事流程。

四、实验过程

第一步：填写税务（社保缴费）登记表、参保员工花名册、缴费单位应缴险种登记表并提交资料。

企业办事员进入相关页面，点击 社保参保登记 ，进入填写税务（社保缴费）登记表、参保员工花名册、缴费单位应缴险种登记表并加盖公章，勾选"办事资料"，保存并提交资料。

第二步：地税柜员审阅资料。

地税柜员，登录地税系统，选择 工作台 ，找到所属企业，点击 详细情况 ，进入相关页面。地税柜员查看资料是否提交齐全，并对资料进行审核。资料合格，将税务（社保缴费）登记表、参保员工花名册、缴费单位应缴险种登记表中地税机关填写内容补充完整并加盖税局章，保存数据。

第三步：填写《社会保险费明细申报表》并提交资料。

企业办事员进入相关页面，点击 社保参保登记 ，进入填写《社会保险费明细申报表》并加盖公章，勾选办事资料，保存并提交资料。

第四步：地税柜员审核盖章。

地税柜员登录地税局，选择 工作台 ，再选择社保参保登记业务，选择所在企业后，进入相关页面，浏览并审核企业提交的资料。资料审核无误，在《社会保险费明细申报表》上加盖税务局公章，并保存数据，完成办理。已盖章审核的《社会保险费明细申报表》会自动发到企业档案库。

第三节　开户银行参保登记

一、企业办理参保登记——签约手续的所需资料

（1）《开户许可证》原件。
（2）《委托划缴税协议书》（地税已盖章）。
银行需要提供的资料：已盖章的《委托划缴税协议书》。
办事流程如图6-4所示。

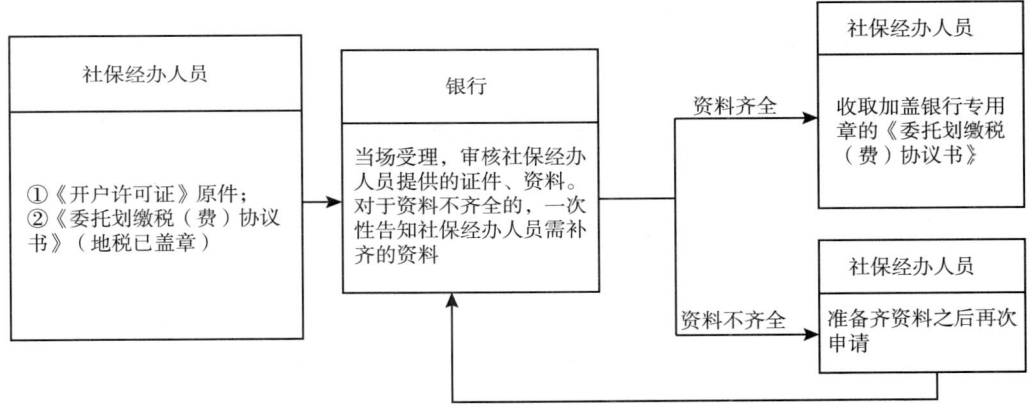

图6-4　参保登记——签约手续流程图

二、开户银行参保登记实验内容

（1）填写《委托划缴税（费）协议书》。
（2）参保登记——签约手续办事流程。

三、实验过程

第一步：填写《委托划缴税（费）协议书》并提交资料。
进入到相关页面，点击 社保参保登记 ，进入填写《委托划缴税（费）协议书》，并加盖公章，勾选办事资料，保存并提交资料。
第二步：银行柜员审核盖章。

银行柜员登录银行，选择 工作台>>系统工作台 ，再选择社保参保登记业务，选择所在企业后，点击 办理 ，进入相关页面。点击 资料审阅 ，浏览并审核企业提交的资料。资料审核无误，在《委托划缴税（费）协议书》上加盖税务局公章，并保存数据。点击 审核 返回页面，完成办理。已盖章审核的《委托划缴税（费）协议书》会自动发到企业档案库。

本 章 小 结

"五证合一"营业执照的企业在产生用工后 30 日内，依法及时到社会保险经办机构为职工办理参保登记手续。公司成立后，按规定，公司需要在工商登记 30 日内，进行社保登记。本课时着重于去地税局进行缴费登记的办事流程；开户银行办理参保登记——签约手续的办事流程。

实验操作题

新办企业办理参保登记。

第三篇　经营期实验

　　企业完成筹办则进入经营期,企业执行《会计法》《企业会计准则》《企业会计准则应用指南》。财务处理系统模拟财务管理的相关业务操作。发票发售管理模拟税务部门核定领用发票、调整领用发票以及发票发售等业务操作。开票系统模拟防伪税控开票系统开具增值税专用发票和普通发票。发票认证管理模拟企业增值税专用发票认证业务。企业电子申报管理系统可以模拟一般纳税人和小规模纳税人增值税和消费税的纳税申报和税款缴纳业务（见下图）。

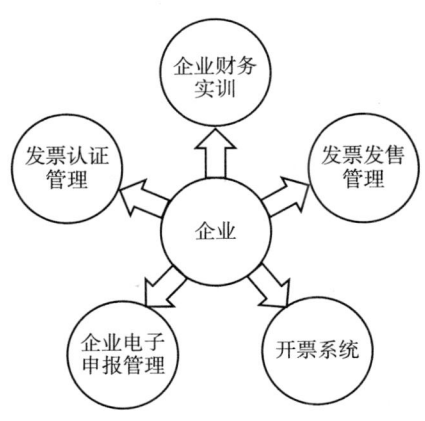

经营期知识结构图

第七章　企业财务处理实验

本章学习目标：
（1）了解财务处理相关概念；
（2）理解财务处理基本原理；
（3）掌握出纳填制内部收支原始凭证、填制银行收支原始凭证、处理网银汇款、开具转账支票、购买业务委托书和支票、登记账簿等业务处理流程；
（4）掌握会计填制内部自制原始凭证、编制记账凭证、登记账簿等业务流程；
（5）掌握所得税的计算及计提所得税费用的账务处理；
（6）掌握应交增值税、应交消费税、应交城建税、应交印花税的计算及账务处理。

第一节　会　计　凭　证

一、原始凭证

原始凭证又称单据，是在经济业务发生或完成时取得或填制的，用以记录或证明经济业务的发生或完成情况的文字凭据。它不仅能用来记录经济业务发生或完成情况，还可以明确经济责任，是进行会计核算工作的原始资料和重要依据，是会计资料中最具有法律效力的一种文件。工作令号、购销合同、购料申请单等不能证明经济业务发生或完成情况的各种单证不能作为原始凭证并据以记账。按照来源不同，原始凭证分为外来原始凭证和自制原始凭证。外来原始凭证是指在同外单位发生经济往来事项时，从外单位取得的凭证。如发票、飞机和火车的票据、银行收付款通知单、企业购买商品、材料时，从供货单位取得的发货票等。外来原始凭证一般由税务局等部门统一印制，或经税务部门批准由经济单位印制，在填制时加盖出具凭证单位公章方有效。自制原始凭证是指在经济业务事项发生或完成时，由本单位内部经办部门或人员填制的凭证。如收料单、领料单、开工单、成本计算单、出库单等。

二、记账凭证

记账凭证是由会计部门根据审核无误的原始凭证或原始凭证汇总表编制，按照登记账簿的要求，确定账户名称、记账方向（应借、应贷）和金额的一种记录，是登记明细分类账和总分类账的依据。会计人员填制记账凭证要严格按照规定的格式和内容进行。

记账凭证按其用途可以分为专用记账凭证和通用记账凭证。专用记账凭证是指分类反映经济业务的记账凭证。这种记账凭证按其反映经济业务的内容不同，又可以分为收款凭证、付款凭证和转账凭证。收款凭证是指用于记录现金和银行存款收款业务的会计凭证。付款凭证是指用于记录现金和银行存款付款业务的会计凭证。转账凭证是指用于记录不涉及现金和银行存款业务的会计凭证。通用记账凭证是指用来反映所有业务的记账凭证。

记账凭证按其填列会计科目的数目分类，可以分为单式记账凭证和复式记账凭证两类。单式记账凭证是指每一张记账凭证只填列经济业务事项所涉及的一个会计科目及其金额的记账凭证。填列借方科目的称为借项凭证，填列贷方科目的称为贷项凭证。复式记账凭证是指将每一笔经济业务事项所涉及的全部会计科目及其发生额均在同一张记账凭证中反映的一种凭证。

记账凭证按其包括的内容分类可以分为单一记账凭证、汇总记账凭证和科目汇总表三类。单一记账凭证是指只包括一笔会计分录的记账凭证。上述的专用记账凭证和通用记账凭证，均为单一记账凭证。汇总记账凭证是指根据一定时期内的同类单一记账凭证加以汇总而重新编制的记账凭证。汇总记账凭证又可以分为汇总收款凭证、汇总付款凭证和汇总转账凭证。科目汇总表（亦称记账凭证汇总表、账户汇总表），是指根据一定时期内所有的记账凭证定期加以汇总而重新编制的记账凭证，其目的也是简化总分类账的登记手续。

记账凭证有相应的编号，给记账凭证编号，是为了分清记账凭证处理的先后顺序，便于登记账簿和进行记账凭证与账簿记录的核对，防止会计凭证的丢失，并且方便日后查找。记账凭证编号的方法有多种：一种是将财会部门内的全部记账凭证作为一类统一编号，编为记字第×号；另一种是分别按现金和银行存款收入、现金和银行存款付出以及转账业务三类进行编号，分别编为收字第×号、付字第×号、转字第×号；还有一种是按现金收入、现金付出、银行存款收入、银行存款付出和转账五类进行编号，分别编为现收字第×号、现付字第×号、银收字第×号、银付字第×号、转字第×号。当月记账凭证的编号，可以在填写记账凭证的当日填写，也可以在月末或装订凭证时填写。记账凭证无论是统一编号还是分类编号，均应分月份按自然数字顺序连续编号。通常，一张记账凭证编一个号，不得跳号、重号。一笔经济业务需要填制两张或者两张以上记账凭证的，可以采用分数编号法编号，如1号会计事项分录需要填制三张记账凭证，就可以编成1（1/3）、1（2/3）、1（3/3） 号。

第二节　会　计　科　目

一、会计科目的概念

会计科目，简称科目，是对于会计要素的具体内容进行分类核算的项目，是进行会计核算和提供会计信息的基础。

设置会计科目就是根据会计对象的具体内容和经济管理的要求，事先规定分类核算的项目或标志的一种专门方法。设置会计科目，需要将会计对象中具体内容相同的归为一类，设立一个会计科目，凡是具备这类信息特征的经济业务，都应该在这个科目下进行核算。设置会计科目时，要为每一个具体的类别规定一个科目名称，并且限定在该科目名称下包括的内容，例如"库存现金""银行存款"科目。会计科目是设置账户、账务处理所遵循的规则和依据，是正确组织会计核算的一个重要条件。

二、会计科目的分类

（一）会计科目按其反映的经济内容分类

（1）资产类科目：资产类科目按其反映的经济内容再进一步细分，又可分为反映流动资产、长期股权投资、固定资产、无形资产、其他资产的科目。其中，反映流动资产的科目主要有"库存现金""银行存款""应收账款""原材料""库存商品"等科目。

（2）负债类科目：负债类科目按其反映的经济内容再进一步细分，又可分为反映流动负债和长期负债的科目。其中流动负债类科目主要有"短期借款""应付账款""应付利润""应付利息"等；长期负债类科目主要有"长期借款""应付债券"等。

（3）所有者权益科目：所有者权益类科目按其反映的经济内容再进一步细分，主要有"实收资本""资本公积""盈余公积""本年利润""利润分配"等科目。

（4）成本类科目：成本类科目主要有"生产成本"和"制造费用"科目。

（5）损益类科目：损益类科目按其反映的经济内容再进一步细分，又可分为反映收入和费用的科目。损益类科目主要有"主营业务收入""主营业务成本""其他业务收入""其他业务成本""销售费用""管理费用""财务费用"等。

（二）会计科目按提供指标的详细程度不同分类

（1）总分类科目（一级科目、总账科目）：对会计对象的具体内容进行总括分类，提供总括的核算指标,由财政部或主管部门设置。

(2)二级科目(为避免在总分类科目下设太多的明细科目,可在总科目和明细科目之间设二级科目。二级科目提供的指标比总账详细、比明细账具体)。

(3)明细分类科目(三级科目、明细科目)对总分类科目所包含的内容做进一步分类,以提供详细具体的核算指标。一般由企业根据自身的实际情况自行设置。

第三节 会 计 账 户

一、账户的定义

账户是根据会计科目设置的,具有一定的结构和格式,用来对会计对象的具体内容进行分类核算和监督的一种工具。

二、账户的基本结构

经济业务引起会计要素的变化,不外乎增减两种类型,所以,任何一个账户都可以分为左右两方,这就是账户的基本结构。

实际工作中,账户格式的设计一般包括以下内容:账户名称、日期和摘要、凭证号数、增加和减少金额。在账户的左右两方中,到底哪一方记增加额,哪一方记减少额,取决于各账户所记录的经济业务内容和所采用的记账方法。

三、会计科目与账户的关系

(一)会计科目和账户的联系

账户是根据会计科目设置,会计科目是账户的名称。二者开设的目的一致,都是为了对经济业务进行分类、整理,以提供管理所需要的会计信息。二者的内容相同。

(二)会计科目和账户的区别

1. 会计科目和账户的具体作用不同

会计科目的具体作用主要表现为将会计对象的具体内容分为若干个相对独立的项目,而账户则是在会计科目的基础上,再赋予一定的结构,能指明记账的方向,以核算各会计要素的增减变动和余额。

2. 会计科目和账户制定或设置的方法不同

会计科目由国家统一制定,是会计制度的组成部分。而账户则是由各单位根据会计科目的要求，结合本单位的实际情况开设的。实际工作中，先有会计科目，后有账户。

第四节　会 计 账 簿

填制会计凭证后之所以还要设置和登记账簿，是由于二者虽然都是用来记录经济业务，但二者具有的作用不同。在会计核算中，对每一项经济业务，都必须取得和填制会计凭证，因而会计凭证数量很多，又很分散，而且每张凭证只能记载个别经济业务的内容，所提供的资料是零星的，不能全面、连续、系统地反映和监督一个经济单位在一定时期内某一类和全部经济业务活动情况，且不便于日后查阅。因此，为了给经济管理提供系统的会计核算资料，各单位都必须在凭证的基础上设置和运用登记账簿的方法，把分散在会计凭证上的大量核算资料，加以集中和归类整理，生成有用的会计信息，从而为编制会计报表、进行会计分析以及审计提供主要依据。

 一、会计账簿的定义

会计账簿是以会计凭证为依据，对全部经济业务进行全面、系统、连续、分类地记录和核算的簿籍，是由专门格式并以一定形式联结在一起的账页所组成的。账户存在于账簿之中，账簿中的每一账页就是账户的存在形式和载体，没有账簿，账户就无法存在；账簿序时、分类地记载经济业务，是在个别账户中完成的。因此，账簿只是一个外在形式，账户才是它的真实内容。账簿与账户的关系是形式和内容的关系。

 二、会计账簿的作用

（1）通过账簿的设置和登记，记载、储存会计信息。将会计凭证所记录的经济业务计入有关账簿，可以全面反映会计主体在一定时期内所发生的各项资金运动，储存所需要的各项会计信息。

（2）通过账簿的设置和登记、分类、汇总会计信息。账簿由不同的相互关联的账户所构成，通过账簿记录，一方面可以分门别类地反映各项会计信息，提供一定时期内经济活动的详细情况；另一方面可以通过发生额、余额计算，提供各方面所需要的总括会计信息，反映财务状况及经营成果。

（3）通过账簿的设置和登记，检查、校正会计信息。账簿记录是会计凭证信息的进一步整理。

（4）通过账簿的设置和登记，编表、输出会计信息。为了反映一定日期的财务状况及一定时期的经营成果,应定期进行结账工作,进行有关账簿之间的核对,计算出本期发生额和余额,据以编制会计报表,向有关各方提供所需要的会计信息。

三、账簿的分类

(一) 按用途分类

(1) 序时账簿:又称日记账,是按照经济业务发生或完成时间的先后顺序逐日逐笔进行登记的账簿。序时账簿是会计部门按照收到会计凭证号码的先后顺序进行登记的。在会计工作发展的早期,就要求必须将每天发生的经济业务逐日登记,以便记录当天业务发生的金额。因而习惯地称序时账簿为日记账。

序时账簿按其记录内容的不同,又分为普通日记账和特种日记账两种。

普通日记账是将企业每天发生的所有经济业务,不论其性质如何,按其先后顺序,编成会计分录计入账簿;特种日记账是按经济业务性质单独设置的账簿,只把特定项目按经济业务顺序计入账簿,反映其详细情况,如库存现金日记账和银行存款日记账。特种日记账的设置,应根据业务特点和管理需要而定,特别是那些发生烦琐、需严加控制的项目,应予以设置。如普通日记账、现金日记账、银行存款日记账。

(2) 分类账簿:对全部经济业务事项按照会计要素的具体类别而设置的分类账户进行登记的账簿。分类账簿按会计账簿提供核算指标的详细程度不同,又分为总分类账和明细分类账。总分类账,简称总账,是根据总分类科目开设账户,用来登记全部经济业务,进行总分类核算,提供总括核算资料的分类账簿。明细分类账,简称明细账,是根据明细分类科目开设账户,用来登记某一类经济业务,进行明细分类核算,提供明细核算资料的分类账簿。

(3) 备查账簿:又称辅助账簿,是对某些在序时账簿和分类账簿等主要账簿中都不予登记或登记不够详细的经济业务事项进行补充登记时使用的账簿。它可以对某些经济业务的内容提供必要的参考资料。备查账簿的设置应视实际需要而定,并非一定要设置,而且没有固定格式。如设置租入固定资产登记簿、代销商品登记簿等。

(二) 按账页格式分类

(1) 两栏式账簿。只有借方和贷方。普通日记账通常采用此种格式。

(2) 三栏式账簿。设有借方、贷方和余额。适用于只进行金额核算的资本、债权、债务明细账。如"应收账款""应付账款""实收资本"等账户的,明细分类核算。

(3) 多栏式账簿。是在账簿的两个基本栏目借方和贷方按照需要分设若干个专栏的账簿。适用于收入、成本、费用、利润和利润分配明细账。如"生产成本""管理费用""营业外收入""本年利润"等账户的明细分类核算。

(4) 数量金额式。这种账簿的借方、贷方和余额三个栏目内,都分设数量、单价和金额三小栏，以反映财产物资的实物数量和价值量。如原材料、库存商品、产成品、固定资产明细账。

四、账簿登记方法

（一）普通日记账的格式和登记方法

普通日记账一般只设借方和贷方两个金额栏，以便分别计入各项经济业务所确定的账户名称及借方和贷方的金额，也称为两栏式日记账，或叫分录簿。

（二）特种日记账的格式和登记方法

1. 现金日记账的格式和登记方法

（1）现金日记账的格式。现金日记账是用来核算和监督库存现金每天的收入、支出和结存情况的账簿，其格式有三栏式和多栏式两种。无论采用三栏式还是多栏式现金日记账，都必须使用订本账。

（2）现金日记账的登记方法。现金日记账由出纳人员根据同现金收付有关的记账凭证，按时间顺序逐日逐笔进行登记，并根据"上日余额＋本日收入－本日支出＝本日余额"的公式，逐日结出现金余额，与库存现金实存数核对，以检查每日现金收付是否有误。

借、贷方分设的多栏式现金日记账的登记方法是：先根据有关现金收入业务的记账凭证登记现金收入日记账，根据有关现金支出业务的记账凭证登记现金支出日记账，每日营业终了，根据现金支出日记账结计的支出合计数，一笔转入现金收入日记账的"支出合计"栏中，并结出当日余额。

2. 银行存款日记账的格式和登记方法

银行存款日记账是用来核算和监督银行存款每日的收入、支出和结余情况的账簿。银行存款日记账应按企业在银行开立的账户和币种分别设置，每个银行账户设置一本日记账。

银行存款日记账的格式和登记方法与现金日记账相同。

（三）总分类账的格式和登记方法

1. 总分类账的格式

总分类账是按照总分类账户分类登记以提供总括会计信息的账簿。总分类账最常用的格式为三栏式，设置借方、贷方和余额三个基本金额栏目。

2. 总分类账的登记方法

总分类账可以根据记账凭证逐笔登记，也可以根据经过汇总的科目汇总表或汇总记账凭证等登记。

（四）明细分类账的格式和登记方法

1. 明细分类账的格式

明细分类账是根据二级账户或明细账户开设账页，分类、连续地登记经济业务以提供明细核算资料的账簿，其格式有三栏式、多栏式、数量金额式和横线登记式（或称平行式）等多种。

（1）三栏式明细分类账。三栏式明细分类账是设有借方、贷方和余额三个栏目，用以分类核算各项经济业务，提供详细核算资料的账簿，其格式与三栏式总账格式相同，适用于只进行金额核算的账户。

（2）多栏式明细分类账。多栏式明细分类账是将属于同一个总账科目的各个明细科目合并在一张账页上进行登记，适用于成本费用类科目的明细核算。

（3）数量金额式明细分类账。数量金额式明细分类账其借方（收入）、贷方（发出）和余额（结存）都分别设有数量、单价和金额三个专栏，适用于既要进行金额核算又要进行数量核算的账户。

（4）横线登记式明细分类账。横线登记式明细分类账是采用横线登记，即将每一相关的业务登记在一行，从而可依据每一行各个栏目的登记是否齐全来判断该项业务的进展情况。该明细分类账适用于登记材料采购业务、应收票据和一次性备用金业务。

2. 明细分类账的登记方法

不同类型经济业务的明细分类账可根据管理需要，依据记账凭证、原始凭证或汇总原始凭证逐日逐笔或定期汇总登记。固定资产、债权、债务等明细账应逐日逐笔登记；库存商品、原材料、产成品收发明细账以及收入、费用明细账可以逐笔登记，也可定期汇总登记。

五、对账与结账

（一）对账

对账就是指在本期内对账簿记录所进行核对。为了保证各种账簿记录的完整和正确，为编制会计报表提供真实可靠的数据资料，必须做好对账工作。

对账包括账证核对、账账核对、账实核对。

（1）账证核对，是指各种账簿的记录与有关会计凭证进行核对。

（2）账账核对，是指各种账簿之间的有关数字进行核对。主要包括：

①总分类账各账户本月借方发生额合计数与贷方发生额合计数是否相等；期末借方余额合计数与贷方余额合计数是否相等，以检查总分类账户的登记是否正确。

②各明细分类账的本期借、贷方发生额合计数及期末余额合计数与总分类账应该分别核对相符，以检查各明细分类账的登记是否正确。

③现金日记账和银行存款日记账的本期借、贷方发生额合计数及期末余额合计数与总分类账应该分别核对相符，以检查日记账的登记是否正确。

④会计部门有关财产物资的明细分类账结存数，应该与财产物资保管或使用部门的有关保管账的账存数核对相符，以检查双方记录是否正确。

（3）账实核对，是指各种财产物资的账面余额与实存数额相核对。具体内容包括：

①现金日记账账面余额与实地盘点的库存现金实有数相核对；

②银行存款日记账账面余额与开户银行账目（银行对账单）相核对；

③各种财产物资明细分类账账面余额与其清查盘点后的实存数相核对；

④各种应收、应付款明细分类账账面余额与有关债务、债权单位的账目相核对。账实核对一般是通过财产清查进行的。对此，将在财产清查一讲中做详细说明。

（二）结账

各个单位的经济活动是连续不断进行的，为了总结每一会计期间（月份、季度、年度）的经济活动情况，考核经营成果，编制会计报表，就必须在每一会计期末进行结账。结账是指在将本期内所发生的经济业务全部登记入账的基础上，于会计期末按照规定的方法结算账目，包括结算出本期发生额和期末余额。

1. 结账的主要程序和内容

（1）结账前，必须将本期内发生的各项经济业务全部登记入账。

（2）实行权责发生制的单位，按照权责发生制的要求，进行账项调整的账务处理，并在此基础上，进行其他有关转账业务的账务处理，以计算确定本期的成本、费用、收入和利润。需要说明的是，不能为了提前编制报表而提前结账，也不能将本期发生的经济业务延至下期登账，也不能先编制会计报表后结账。

（3）结账时，应结出现金日记账、银行存款日记账以及总分类账和明细分类账各账户的本期发生额和期末余额，并将期末余额结转下期。

2. 结账的方法

计算登记各种账簿本期发生额和期末余额的工作，一般按月进行，称为月结；有的账目还应按季结算，称为季结；年度终了，还应进行年终结账，称为年结。期末结账主要采用划线结账法。也就是期末结出各账户的本期发生额和期末余额后，加以划线标记，将期末余额结转下期。结账时，不同的账户记录应分别采用不同的方法。

（1）月结。每月结账时，应在各账户本月份最后一笔记录下面画一条通栏红线，表示本月结束；然后，在红线下面结出本月发生额和月末余额，如果没有余额，在余额栏内写上"平"或"0"符号。同时，在摘要栏内注明"本月合计"或"×月份发生额及余额"字样，最后，再在下面画一条通栏红线，表示完成月结工作。

（2）季结。季结的结账方法与月结基本相同，但在摘要栏内注明"本季合计"或"第×季度发生额及余额"字样。

（3）年结。办理年结时，应在12月月结下面（需办理季结的，应在第四季度的季结下面）结算填列全年 12 个月的月结发生额和年末余额，如果没有余额，在余额栏内写上"平"或"θ"符号，并在摘要栏内注明"本年合计"或"年度发生额及余额"字样；然后，将年初借（贷）方余额抄列于下一行的借（贷）方栏内，并在摘要栏内注明"年初余额"字样，同时将年末借（贷）方余额再列入下一行的贷（借）方栏内，在摘要栏内注明"结转下年"字样。最后，分别加计借贷方合计数，并在合计数下面画通栏双红线表示封账，完成了年结工作。需要更换新账的，应在新账有关账户的第一画摘要栏内注明"上年结转"或"年初余额"字样，并将上年年末的余额以相同方向计入新账中的余额栏内。

结账时按下列方法进行：

A. 对于需按月统计发生额的账户，在期末结账时，要在最后一笔业务记录下面的借方栏开始到余额栏为止画通栏单红线，结出本月发生额和余额，在摘要栏内盖"本月合计"戳记，在"本月合计"栏下面再画一条同样的通栏红线。

B. 对于需要结计本年累计发生额的账户每月结账时，应在"本月合计"栏下结出自年初至本月末止的累计发生额，登记在月份发生额下面，在摘要栏写明"本年累计"字样，在栏下再画一条通栏红线，12 月末的"本年累计"就是全年累计发生额，应在全年累计发生额下面画通栏双红线。

C. 对于不需按月结计发生额的账户，如应收应付、财产物资明细账，每登记一次，就要随时结出余额，每月最后一笔余额就是月末余额，月末结账时，只需在最后一笔业务记录下面自借方栏至余额栏画通栏红线即可。

D. 对于总账账户只需结出月末金额即可，但在年终结账时，为了总括反映企业财务状况和经营成果全貌，核对账目，需将所有总账账户结出全年发生额和年末余额，在摘要栏内注明"本年合计"字样，并在合计栏下画通栏红线。

E. 企业在年度终了，会计人员需要结账。凡有余额的账户，应将其余额结转下年，即将所有有余额的账户余额直接过入新账余额栏内，而不需要专门编制记账凭证，也不需要将余额再记入各账户的借方，使本年余额为零。

第五节　财务会计报告

一、财务会计报告概述

财务会计报告是企业向财务会计报告使用者提供与企业财务状况、经营成果和现金流量等有关会计信息，反映企业管理层受托责任履行情况的书面报告。财务会计报告是指单位会计部门根据经过审核的会计账簿记录和有关资料，编制并对外提供的反映单位某一特定日期财务状况和某一会计期间经营成果、现金流量及所有者权益等会计信息的总结性书面文件。

 二、财务会计报告内容

财务会计报告包括：会计报表、会计报表附注和财务情况说明书（根据《会计法》第二十条第二款规定：财务会计报告由会计报表、会计报表附注和财务情况说明书组成）。

（1）会计报表，会计报表是指企业以一定的会计方法和程序由会计账簿的数据整理得出，以表格的形式反映企业财务状况、经营成果和现金流量的书面文件，是财务会计报告的主体和核心。企业会计报表按其反映的内容不同，分为资产负债表、利润表、现金流量表、所有者权益（股东权益）变动表。其中，相关附表是反映企业财务状况、经营成果和现金流量的补充报表。主要包括利润分配表以及国家统一会计制度规定的其他附表。

（2）会计报表附注，会计报表附注是为便于会计报表使用者理解会计报表的内容而对会计报表的编制基础、编制依据、编制原则和方法及主要项目等所作的解释。会计报表附注是财务会计报告的一个重要组成部分，它有利于增进会计信息的可理解性，提高会计信息可比性和突出重要的会计信息。

企业的会计报表按照其服务对象、报表的编制时间、编制单位等可分为不同的种类。

一般纳税人企业需要编制的报表：资产负债表、损益表、现金流量表、一般纳税人增值税申报表、增值税销售表（一）、增值税进项表（二）、城建税申报表、教育附加申报表、地方教育附加申报表、企业所得税申报表、印花税申报表、统计产品产量月报表、财务状况月报表、出口货物明细表、出口货物汇总表、出口货物附表等。

（一）资产负债表编制方法

资产负债表是反映企业某一特定日期（如月末、季末、年末）财务状况的财务报表，是特定日期企业所控制的资产、承担的债务以及投资人要求权益的静态反映。

资产负债表用左右列成"T"字型账户的形式，反映资产、负债和所有者权益的基本状况。资产项目列示在报表的左方，负债和所有者权益项目列示在报表的右方，左方资产总额等于右方负债和所有者权益总额之和。资产 = 负债 + 所有者权益。

具体的编制方法如下：

根据凭证科目汇总表的数字进行填写资产负债表，资产负债表的左方属于资产类，分年初数和期末数两栏，年初数不变（本年的年初数就是上年年末数），期末数：用上月期末数 + 本月科目汇总表的借方数 − 科目汇总表的贷方数，计算出填到相应的科目栏，注明：货币资金包括：现金、银行存款。存货包括：原材料、库存商品、低值易耗品。资产负债表的右方属于负债和所有权益，分为年初数和期末数两栏，年初数与左栏相同，期末数：用上月期末数 + 本月科目汇总表的贷方 − 本月科目汇总表的借方，计算出填到相应的科目栏，注明：所有者权益 = 实收资本 + 资本公积 + 未分配利润。

（二）利润表的编制

利润表，是反映企业在一定会计期间经营成果的报表。通过利润表可以从总体上了解企业收入、成本和费用及净利润（或亏损）的实现及构成情况；同时，通过利润表提供的不同时期的比较数字（本月数、本年累计数、上年数），可以分析企业的获利能力及利润的未来发展趋势，了解投资者投入资本的保值增值情况。

利润表的主要编制步骤和内容：

第一步，计算营业利润。

营业利润 = 营业收入 − 营业成本 − 营业税金及附加 − 销售费用 − 管理费用
　　　　　− 财务费用 − 资产减值损失 + 公允价值变动收益（− 公允价值变动损失）
　　　　　+ 投资收益（− 投资损失）

其中，营业收入由主营业务收入和其他业务收入组成。

第二步，计算利润总额。

利润总额 = 营业利润 + 营业外收入 − 营业外支出

第三步，计算净利润。

净利润 = 利润总额 − 所得税费用

（三）现金流量表

现金流量表是反映企业一定会计期间内有关现金和现金等价物的流入和流出信息的会计报表。大致可分为：（1）经营活动产生的现金流量；（2）投资活动产生的现金流量；（3）筹资活动产生的现金流量。

注明：现金流量表平常报税务局不用，银行贷款用，所以编制现金流量必须根据本月的资产负债表和损益表编制。

第六节　岗位设置及职责

模拟企业财务人员工作分配如表 7-1 所示。

表 7-1　　　　　　　　模拟企业财务人员工作分配

职位	技能要点说明
出纳	出纳业务进行处理，登记日记账
会计	（报税员）总账会计、税务会计、销售会计、采购会计、费用会计、成本会计业务进行处理，登记三栏式明细账、数量金额式明细账、多栏式明细账
会计主管	进行业务处理，登记总账，编制报表，财务分析

一、出纳岗位职责

出纳的工作有：
（1）现金收付和银行结算业务。
（2）办理各种票据的收付业务。
（3）登记现金日记账、银行存款日记账和票据备查簿。
（4）保管库存现金和各种有价证券。
（5）填写支票、本票和汇票，并负责加盖银行预留章、财务专用章。
（6）保管有关印章、空白收据和空白支票。
（7）具体办理各种税金的申报和扣缴业务。
（8）其他与现金、银行存款收付有关的业务。

二、会计岗位职责

核算会计的工作有：
（1）会计的日常核算工作（审核原始凭证、填制记账凭证）。
（2）定期进行财务成本完成情况的分析。
（3）领导交办的其他与总账业务有关的工作。

三、会计主管岗位职责

会计主管的工作有：
（1）具体负责本企业的财务与会计的日常管理工作（审核记账凭证）。
（2）组织制定本企业的各项财务与会计制度，并监督其贯彻执行。
（3）编制本企业的财务成本计划、资金筹措计划，并监督其落实。
（4）会同有关部门拟定企业各项固定资产的投资方案和流动资金定额。
（5）负责企业各种税费的计算和缴纳工作。
（6）负责企业各项财务分析工作。
（7）参加企业有关生产经营管理会议，参与有关经营预测、决策和各部门业绩考评工作。
（8）参与拟定和审核经济合同、协议和其他经济文件。
（9）负责向本企业领导和职代会报告企业的财务状况和经营成果，审查对外提供的财务报告。
（10）组织财会人员的理论和业务学习，负责财会人员的考核，参与研究财会人员任用和调整工作。

（11）领导交办的其他与财务、会计有关的管理工作。
（12）负责保管、加盖银行预留章、法人章。

除上述职位外，可以针对综合核算岗位、流动资产核算岗位、固定资产核算岗位、总账报表核算岗位、工资核算岗位、成本核算岗位、收入利润核算岗位、往来核算岗位增设相关职位。

注意：出纳人员不得兼管稽核、会计档案保管，也不能兼收入、费用、债权债务账目的登账工作。出纳复核：往往是在大中型企业设置的一个控制环节，对涉及货币资金、有价证券、各种票据业务的原始凭证的合法性、真实性进行复核，对涉及上述业务的核算记账凭证进行金额的复核。

第七节　实验内容与业务流程

一、实验内容

（1）出纳填制内部收支原始凭证业务处理。
（2）出纳填制银行收支原始凭证业务处理。
（3）出纳处理网银汇款业务处理。
（4）会计填制内部自制原始凭证业务处理流程。
（5）会计填制其他业务原始凭证业务处理。
（6）会计外来原始凭证编制记账凭证业务处理。

二、实验过程

（一）出纳填制内部收支原始凭证业务实验过程

出纳选择业务，填制内部收支业务原始凭证，传递内部收支业务原始凭证；会计主管传递（退回）原始凭证；会计填制记账凭证，传递记账凭证；会计主管审核记账凭证，传递（退回）记账凭证；出纳和会计登记相关账簿。出纳登记日记账；会计登记三栏式明细账、数量金额式明细账、多栏式明细账；会计主管登记科目汇总表、总账。

（二）出纳填制银行收支原始凭证业务实验过程

以出纳填制现金支票提现备用为例，出纳选择业务并填制银行收支业务原始凭证并传递；会计主管审核银行收支业务原始凭证并传递；出纳传递原始凭证到银行；银行进行处理后传递给会计；会计填制记账凭证、保存并传递；会计主管审核记账凭证，传递

（退回）记账凭证；出纳和会计登记相关账簿，会计主管登记科目汇总表、总账。

（三）出纳处理网银汇款业务实验过程

出纳选择业务并传递，会计主管审核自制原始凭证、传递，出纳传递原始凭证到网银系统，网银系统处理，会计审核原始凭证并填制记账凭证、保存，会计主管审核记账凭证，会计主管传递（退回）记账凭证，出纳和会计登记相关账簿，会计主管登记科目汇总表、总账。

（四）会计填制内部自制原始凭证业务实验过程

以会计填制自制成本计算表为例，会计填制非收支业务自制原始凭证，会计传递原始凭证；会计主管审核会计自制原始凭证，审核后传递（退回）原始凭证；会计填制记账凭证，传递记账凭证；会计主管审核记账凭证，审核后传递（退回）记账凭证；出纳和会计登记相关账簿，会计主管登记科目汇总表、总账。

（五）会计填制其他业务原始凭证业务实验过程

以会计开具增值税专用发票为例，会计选择业务并传递，开票系统处理相关业务，开具发票；会计主管审核原始凭证；会计填制记账凭证、保存，传递记账凭证；会计主管审核记账凭证，会计主管审核后传递（退回）记账凭证；出纳和会计登记相关账簿，会计主管登记科目汇总表、总账。

（六）会计外来原始凭证编制记账凭证业务处理

会计审核外来原始凭证，填制记账凭证，传递记账凭证；会计主管审核记账凭证，审核后传递（退回）记账凭证；出纳和会计登记相关账簿，会计主管登记科目汇总表、总账。

本 章 小 结

本章首先介绍了与企业财务管理实验相关的理论知识，具体包括凭证、科目、账户、会计报表等基础知识、基本概念以及基本理论；其次，企业财务处理岗位设置与职责；最后，介绍企业财务处理实验内容及处理流程。通过本章的学习使学生掌握企业日常业务处理包括原始凭证填制、记账凭证填制、登记账簿、编制报表、会计电算化操作等，同时为税务会计进行纳税申报提供基础资料。

实验操作题

出纳、会计以及会计主管岗位的工作具体是什么？三者工作顺序是怎样的？

第八章　发票领购管理实验

本章学习目标：
（1）了解发票及发票管理相关概念；
（2）掌握税务局核定领用发票、调整领用发票、发票核定查询、发放发票、退回发票处理业务。

第一节　发 票 概 述

 一、发票的概念

发票是指单位或个人在购销商品、提供劳务或者接受服务以及从事其他经营活动中开具、收取的用以记载经济业务活动并具有税源监控功能的收付款凭证。它是财务收支的法定凭证，是进行会计核算和税源管理的重要资料。收据是收付款凭证，发票只能证明业务发生了，不能证明款项是否收付。发票是指经济活动中，由出售方向购买方签发的文本，内容包括向购买者提供产品或服务的名称、质量、协议价格。除了预付款以外，发票必须具备的要素是根据议定条件由购买方向出售方付款，必须包含日期和数量，是会计账务的重要凭证。中国会计制度规定有效的购买产品或服务的发票称为税务发票。为内部审计及核数，每一张发票都必须有独一无二的流水账号码，防止发票重复或跳号。

 二、发票的意义和作用

发票在我国社会经济活动中具有极其重要的意义和作用。
（1）发票具有合法性、真实性、统一性、及时性等特征，是最基本的会计原始凭证之一。
（2）发票是记录经济活动内容的载体，是财务管理的重要工具。
（3）发票是税务机关控制税源，征收税款的重要依据。

（4）发票是国家监督经济活动，维护经济秩序，保护国家财产安全的重要手段。

 三、发票的种类

发票的种类繁多，主要是按行业特点和纳税人的生产经营项目分类，每种发票都有特定的使用范围。现行税制发票分为普通发票和增值税专用发票两大类。普通发票是指增值税专用发票以外的纳税人使用的其他发票。增值税专用发票只有增值税一般纳税人和税务机关为增值税小规模纳税人代开时使用。增值税专用发票可以抵扣，普通发票一般来说不可以抵扣。普通发票包括增值税普通发票，增值税普通发票不具有抵扣性质。

普通发票主要由增值税小规模纳税人使用，增值税一般纳税人在不能开具专用发票的情况下也可使用普通发票。普通发票由行业发票和专用发票组成。前者适用于某个行业和经营业务，如商业零售统一发票、商业批发统一发票、工业企业产品销售统一发票等；后者仅适用于某一经营项目，如广告费用结算发票，商品房销售发票等。

增值税专用发票是国家税务部门根据增值税征收管理需要而设定的，专用于纳税人销售或者提供增值税应税项目的一种发票。增值税专用发票既具有普通发票所具有的内涵，同时还具有比普通发票更特殊的作用。它不仅是记载商品销售额和增值税税额的财务收支凭证，而且是兼记销货方纳税义务和购货方进项税额的合法证明，是购货方据以抵扣税款的法定凭证，对增值税的计算起着关键性作用。

 四、基本联次和内容

普通发票的基本联次包括发票联、记账联。发票联由付款方或受票方作为付款原始凭证；记账联由收款方或开票方作为记账原始凭证。

增值税专用发票的基本联次为三联：发票联、抵扣联和记账联。发票联，作为购买方核算采购成本和增值税进项税额的记账凭证；抵扣联，作为购买方报送主管税务机关认证和留存备查的凭证；记账联，作为销售方核算销售收入和增值税销项税额的记账凭证。其他联次用途，由纳税人自行确定。

发票的基本内容包括：发票的名称、发票代码和号码、联次及用途、客户名称、开户银行及账号、商品名称或经营项目、计量单位、数量、单价、大小写金额、开票人、开票日期、开票单位（个人）名称（章）等。

 五、发票代码和发票号码

发票代码是税务部门给予发票的编码。普通发票代码由国地税代码、行政区域代码、年份代码、行业代码、发票种类代码等组成，共12位。从左至右按照下列顺序编制：第1位为国地税代码，第2～5位为行政区域代码，第6位、第7位为年份代码，第8位为行业代码，第9~12位为发票种类代码。

（1）普通发票代码。

普通发票代码编码规律：

普通发票第1位为税务局代码（1—国税、2—地税）。

第2~5位为行政区划代码前4位。

第6~7位为年份代码（取后两位数字，如2005年以05表示）。

第8位为发票行业代码（1—工业，2—商业，3—加工修理修配业，4—收购业，5—水电气业，6—其他）。

第9位为发票类别代码（1—税务机关统一式样的手写发票，2—税务机关统一式样的电脑发票，3—企业冠名手写发票，4—企业冠名电脑发票，5—税控收款机发票，6—除1至5以外的其他发票，7—发票换票证）。

第10位为金额版代码（0—电脑版，1—万元版，2—十万元版，3—百万元版，4—千万元版，5—千元版，6—百元版，7—十元版，8—税控收款机，9—无金额限制）。

第11~12位为批次号（以年度为单位，按批准印制顺序编号）。

（2）增值税专用发票和增值税普通发票代码。

增值税专用发票和增值税普通发票的代码为10位。增值税专用发票第1~4位为行政区划代码，第5~6位为年份，第7位为印刷批次，第8位为语言文字版，第9位为联次，第10位为金额版。增值税普通发票第1~4位为行政区划代码，第5~6位为年份，第7位为印刷批次，第8位为发票种类（增值税普通发票为6），第9位为联次，第10位为金额版。

（3）发票号码是为了便于发票的管理，防止发票的造假等违法行为而在发票上按照一定规律设置的8位顺序号码，统一印制在发票的右上角。发票号码编制规则：发票号码是流水号，顺序而印，没有什么别的规律。发票代码显示在发票的左上方，发票号码在发票的右上方。

第二节　增值税专用发票

一、专用发票的基本规定

增值税专用发票是增值税一般纳税人销售货物或者提供应税劳务开具的发票，是购买方支付增值税额可按照增值税有关规定抵扣增值税进项税额的凭证。

二、专用发票联次

专用发票由基本联次或者基本联次附加其他联次构成。基本联次为3联：发票联、抵扣联和记账联。

一般增值税专用发票的基本联次共三联，各联规定的用途如下：

第一联为记账联，是销货方核算销售额和销项税额的主要凭证，即销售方记账凭证。

第二联为税款抵扣联，是购货方计算进项税额的证明，由购货方取得该联后，按税务机关的规定，依照取得的时间顺序编号，装订成册，送税务机关备查。

第三联为发票联，收执方作为付款或收款原始凭证，属于商事凭证，即购买方记账凭证。其他联次用途，由一般纳税人自行确定。而增值税普通发票的基本联次一般有 2 联，即记账联和发票联，比增值税专用发票少了抵扣联。

 三、最高开票限额管理

专用发票实行最高开票限额管理。最高开票限额，是指单份专用发票开具的销售额合计数不得达到的上限额度。最高开票限额由一般纳税人申请，税务机关依法审批。最高开票限额为 10 万元及以下的，由区县级税务机关审批；最高开票限额为 100 万元的，由地市级税务机关审批；最高开票限额为 1000 万元及以上的，由省级税务机关审批。税务机关审批最高开票限额应进行实地核查。

第三节　发票领购管理

 一、发票管理概念

发票管理是税务机关通过计算机对发票的计划、调拨、印刷、发售、使用、保管、检查、违章处理等各环节所进行的一系列管理和监控活动。加强发票管理有利于正确组织会计核算，加强财务收支监督；有利于加强税务管理，确保国家税收收入；有利于保障合法经营，维护社会经济秩序。税务机关是发票主管机关，管理和监督发票的印制、领购、开具、取得、保管、缴销。单位、个人在购销商品、提供或者接受经营服务以及从事其他经营活动中，应当按照规定开具、使用、取得发票。

 二、初始发行

防伪税控系统由四个子系统构成：税务发行子系统、企业发行子系统、防伪开票子系统和认证报税子系统（认证和报税为二套软件，但必须装在同一台计算机中）。企业发行子系统的功能是对企业开票子系统进行初始发行和向企业发售专用发票。

一般纳税人领购专用设备后，凭《最高开票限额申请表》《发票领购簿》到主管税务机关办理初始发行。初始发行，是指主管税务机关将一般纳税人的下列信息载入空白金税卡和IC卡的行为：企业名称；税务登记代码；开票限额；购票限量；购票人员姓名；密码；开票机数量；国家税务总局规定的其他信息。

防伪税控系统专用设备包括金税卡、IC卡、读卡器、延伸板及相关软件等。税务机关防伪税控专用设备由国家统一配备。企业所需防伪税控专用设备由防伪税控服务单位实施发售管理。

第四节 实验内容与业务流程

一、实验内容

企业首次领购增值税专用发票可以通过税务局网站领购，也可以通过主管税务机关领购。

（1）国税网上平台发票管理。
（2）地税网上平台发票管理。
（3）国家税务局发票管理。
（4）地方税务局发票管理。

二、实验过程

（一）国税网上平台发票管理实验过程

在国税登录页面点击【发票管理】，出来发票管理页面。发票管理有发票领购核定查询、发票领购情况查询、发票库存查询、调整发票核定申请表、发票领购表、办理发票事项查询六大功能。点击【发票领购核定查询】按钮，发票领购核定查询页面。点击【发票领购情况查询】按钮，发票领购情况查询页面。点击【发票库存查询】——【调整发票核定申请表】按钮，调整发票核定申请表页面。在"核定数量"里输入数量并点击【确定】按钮，完成调整发票核定申请。点击【发票领购表】按钮，出来申请领购发票页面。在"领购数量"输入数额并点击【确定】按钮，完成申请领购申请。点击【办理发票事项查询】按钮，出来办理发票事项查询页面。

（二）地税网上平台发票管理实验过程

在地税网上办税大厅，点击【发票管理】按钮，出来发票管理页面。发票管理有清缴发票纳税、发票验销、查询、发票事项申请四个模块。点击【清缴发票纳税申报表】按钮，出来清缴发票纳税申报表页面。输入申报金额，点击【计税】按钮，弹出一个页面再点击【申报】申报完成。点击【清空数据】按钮，将已输入的信息进行清空操作。点击【制作《地方税发票业户使用情况表》】按钮，出来地方税发票业户使用情况表页面。点击【发票领购核定查询】按钮，出来发票领购核定查询页面。点击【发票领购情况查询】按钮，出来发票领购情况查询页面。输入查询的日期，点击【查询】按钮，发票领购情况。点击【发票库存查询】按钮，查看企业发票库存。

（三）国家税务局发票管理实验过程

在国家税务局国税管理页面点击【一般纳税人发票管理】按钮，一般纳税人发票管理页面。在一般纳税人发票管理页面有核定领用发票、调整领用发票、发票核定查询、发放发票、退回发票处理五个功能。在一般纳税人发票管理页面点击【核定领用发票】按钮，进入核定领用发票页面。在核定发票页面分别输入增值税普通发票和专用发票领购数量的本数再点击【保存】按钮，完成核定发票操作。在一般纳税人发票管理页面，点击【调整领用发票】按钮，进入调整领用发票页面。在调整领用发票页面分别输入增值税普通发票和专用发票领购数量的本数再点击【保存】按钮，完成调整领用发票操作。在一般纳税人发票管理页面，点击【发票核定查询】按钮，进入发票核定查询页面。在发票核定查询页面点击【进入调整】按钮，出来调整页面。在调整页面分别输入增值税普通发票和增值税专用发票领购数量的本数再点击【保存】按钮，完成调整操作。在发票核定查询页面点击【进入查询】按钮，出来查询页面。通过查询页面可以看到发票核定的最新信息。在一般纳税人发票管理页面，点击【发放发票】按钮，进入发放发票页面。核定发票后，相应的企业发放发票信息显示在"税局发放发票"区域；当用户通过国税网上办税大厅申请领购时，对应的企业发放发票信息显示在"发放企业网上领购发票"区域。在点击【发放发票】，进入"发放发票录入数据页面"输入领购数量、相关发票代码及发票号码（输入第一行，后面的发票代码和发票号码会自动生成）后，点击【确定】，完成发放发票操作。在一般纳税人发票管理页面，点击【退回发票处理】按钮，选择对应需要进行处理的企业，进入退回发票处理页面。点击【处理】，完成退回发票处理。

（四）地方税务局发票管理实验过程

在地税管理主页面点击【发票管理】按钮，出来发票管理页面。在发票管理页面有核定领用发票、调整领用发票、发票核定查询、领用发票、核销发票、发票使用情况查询六个功能。点击【核定领用发票】按钮，出来核定领用发票页面。

点击【核定发票】按钮，出来核定发票页面。在核定发票页面完成发票核定。

在发票管理页面，点击【发票核定查询】按钮，进入发票核定页面完成发票核定。在发票核定查询页面点击【进入调整】按钮，出来调整页面。点击【进入查询】按钮，查询企业领购发票。在发票管理页面，点击【领用发票】按钮，进入领用发票页面。点击【发放发票】按钮，出来领用页面。输入"领购数量"点击【确认】按钮。发放完成。在发票管理页面，点击【核销发票】按钮，进入核销发票页面。点击【核销发票】按钮，出来审核业务地方税发票页面。发票核销需先在"地税网上报税平台＞发票管理＞发票验销＞制作《地方税发票业户使用情况表》"进行资料提交，然后才能进行"地方税务局＞地税管理＞发票管理＞核销发票"。在发票管理页面，点击【发票使用情况查询】按钮，出来发票使用情况查询页面。点击【查询】，进入"发票使用情况页面"。点击【查询】，出"查询窗口"。点击【作废填开发票】，完成作废填开发票操作。在地税管理主页面点击【清缴发票纳税申报】按钮，出来清缴发票纳税申报页面。需要先在地税网上报税平台填报《清税发票纳税申报表》并申报扣款，然后才能操作此步骤。点击【进入】，进入"清缴发票纳税申报表"。

本 章 小 结

本章首先介绍与发票发售管理实验相关的理论知识，具体包括发票、发票的种类、发票的内容、发票管理等基础知识、基本概念以及基本理论。然后，介绍税务局发票管理实验内容及处理流程。通过本章的学习使学生掌握发票的基本概念和理论知识在实践中的应用，税务机关关于发票管理的业务处理，同时为税务会计进行纳税申报提供基础资料。

实验操作题

1. 税务局发售发票。
2. 企业领购发票。

第九章 增值税防伪税控开票实验

本章学习目标：
（1）了解发票领购及开具的相关知识；
（2）识记不得开具专用发票的情形；
（3）了解防伪税控系统的构成；
（4）识记防伪税控子系统的作用；
（5）掌握开票系统发票开具的实验操作流程。

第一节 发票领购与开具

一、发票领购

依法办理税务登记的单位和个人，在领取税务登记证或注册税务登记证后，可以领购发票，属于法定的发票领购对象。领购发票的单位和个人，应当提出购票申请，并提供税务登记证件、经办人的身份证明或者其他有关证明，主管税务机关发给发票领购证件，向税务机关领购发票。

二、发票的开具

一切企事业单位或个人对外发生经济交往活动，均须填开或取得发票，作为会计核算的原始凭证。同时，通过发票审查，可以审核各项财务收支是否符合国家政策法规，制止各种违法违纪作为。

销售商品、提供经营服务以及从事其他经营活动的单位和个人，发生经营业务收取款项时，收款方必须向付款方开具发票。特殊情况下，可由付款方向收款方开具发票。开票方不得开具与实际经营业务情况不符的发票。开具发票应当按照规定的时限、顺序，逐栏、全部联次一次性开具，并加盖发票专用章。发生销货退回或者结算退款的，可以按照规定开具红字发票；计算机打印发票的，可以开具负数发票。发生销售折让的，可以按照规定重新开具发票。

 三、专用发票的领购与开具

一般纳税人凭《发票领购簿》、IC 卡和经办人身份证明领购专用发票。一般纳税人销售货物或者应税劳务，应当向索取增值税专用发票的购买方开具增值税专用发票，并在增值税专用发票上分别注明销售额和销项税额。增值税专用发票的开具要求如下：(1) 项目齐全，与实际交易相符；(2) 字迹清楚，不得压线、错格；(3) 发票联和抵扣联加盖财务专用章或者发票专用章；(4) 按照增值税纳税义务的发生时间开具。

一般纳税人有下列销售情形之一，不得开具专用发票：

（1）商业企业一般纳税人零售的烟、酒、食品、服装、鞋帽（不包括劳保专用部分）、化妆品等消费品不得开具专用发票。

（2）销售免税货物不得开具专用发票，法律、法规及国家税务总局另有规定的除外。

（3）销售自己使用过的下列不得抵扣且未抵扣进项税额的固定资产：

①用于非增值税应税项目、免征增值税项目、集体福利或者个人消费的购进固定资产；

②非正常损失的购进固定资产；

③纳税人自用的应征消费税的摩托车、汽车、游艇；

④国务院财政、税务主管部门规定的纳税人自用消费品。

（4）20××年12月31日以前未纳入扩大增值税抵扣范围试点的纳税人，销售自己使用过的20××年12月31日以前购进或者自制的固定资产。

（5）20××年12月31日以前已纳入扩大增值税抵扣范围试点的纳税人，销售自己使用过的在本地区扩大增值税抵扣范围试点以前购进或者自制的固定资产。

（6）销售旧货。

第二节　防伪税控开票系统

 一、防伪税控系统的定义

防伪税控系统是运用数字密码和电子信息存储技术，强化专用发票的防伪功能，实现对增值税一般纳税人税源监控的计算机管理系统。一般纳税人应通过增值税防伪税控系统（简称防伪税控系统）使用专用发票。包括领购、开具、缴销、认证纸质专用发票及其相应的数据电文。防伪税控系统，是指经国务院同意推行的，使用专用设备和通用设备、运用数字密码和电子存储技术管理专用发票的计算机管理系统。专用设备，是指金税卡、IC 卡、读卡器和其他设备。通用设备，是指计算机、打印机、扫描器具和其他设备。

二、防伪税控系统简介

自 1994 年 1 月 1 日起，我国开始实行以增值税为主体的流转税制。实行凭增值税专用发票注明税款抵扣制度是增值税改革中很重要的一部分，与普通发票不同。增值税专用发票不仅是记载商品或劳务的销售额和增值税税额的财务收支凭证，而且也是兼记销货方纳税义务和购货方进项税额的主要依据，是购货方据以抵扣税款的证明。由于增值税专用发票不仅能作为购销凭证，而且能够抵扣税款，兼有货币的某些职能，因而一些不法分子在利益的驱使下，采取虚开、代开、伪造专用发票等手段大肆偷逃国家税款，获得不法巨额利益，造成国家税款的大量流失。为了用高科技手段解决利用增值税专用发票偷税骗税，航天信息研制成功了增值税防伪税控系统。该系统是国家金税工程的重要组成部分。通过运用数字密码和电子存储技术并强化专用发票的防伪功能，做到成功遏制利用增值税专用发票偷税、漏税的现象。该系统是可防止税款流失并实现对增值税一般纳税人税源监控的计算机管理系统。防伪税控系统的发明、推广和使用，极大地增加了国家税收并已成为我国税收征管强有力的手段之一。

从系统的原理上讲，防伪税控系统集计算机、微电子、光电技术以及数据加密等技术为一体。取消了手工开票的方法，使用防伪税控开票子系统计算机开具增值税专用发票。整个系统以增值税专用发票为核心，从发售发票时的源头控制、发票填开时的防伪与计税，到发票抵扣时的识伪，以及增值税专用发票的抄报税等各个环节提供了强有力的监控手段，即通过票源、税源控制和防伪、识伪技术达到对增值税专用发票防伪和税控的双重功效。

从功能上讲，防伪税控系统一方面要用于企业开具增值税专用发票；另一方面要用于税务机关实现其对企业开票的制约和监管功能，所以整个防伪税控系统分为税务端和企业端两套软件系统。另外，防伪税控系统无论是税务端还是企业端，它的每个业务处理环节，不仅有防伪税控系统软件的支持，更重要的是有防伪税控专用设备提供数据存储、安全性和保密性等方面的保障。

三、防伪税控系统的构成

税控系统由四个子系统构成：税务发行子系统、企业发行子系统、防伪开票子系统和认证报税子系统（认证和报税为两套软件，但必须装在同一台计算机中）。税务发行子系统的主要功能是对下级税务发行子系统、下级企业发行子系统及下级认证报税子系统进行发行；企业发行子系统的功能是对企业开票子系统进行初始发行和向企业发售专用发票；认证报税子系统的主要功能是接收企业的抄税数据并对发票的真伪进行辨别，以上三个子系统是分别用于各级税务机关。防伪开票子系统则是专门用于企业开具专用发票，防伪税控开票子系统必须通过其主管防伪税控税务机关对其所持有的"税控IC卡和金税卡"进行发行后才能使用。

四、防伪税控开票子系统

（一）防伪税控开票子系统定义

防伪税控开票子系统由插有企业开票金税卡和微机安全保护卡的普通PC计算机、税控IC卡、打印机和运行在DOS环境下的开票软件共同构成。

企业开票金税卡是防伪税控系统的核心部件，它具有三个功能部件：加密功能部件、税控黑匣子、IC卡读写接口。税控黑匣子具有大容量的存储功能，企业开具的发票数据被逐票存储于其中。微机安全保护卡是用于保护开票软件的安全，使开票软件免受病毒侵蚀和非许可的修改。

（二）税控IC卡的作用

税控IC卡是企业与税务机关传递信息的介质。税控IC卡上的信息不易人工修改，可以保证数据的安全性，所以它充当了企业与税务机关信息传递的介质，除此以外税控IC卡还具有以下几个作用：

（1）企业购买发票的凭证之一；
（2）传递企业所购发票的发票号码和张数；
（3）抄取企业纳税信息；
（4）进入防伪税控开票子系统的钥匙。

防伪税控企业在利用防伪税控开票子系统开具发票时，该系统将利用防伪税控开票子系统提供的加密功能，将发票上主要信息（包括开票日期、发票号、购销双方的税务登记号、金额和税额），经数据加密形成防伪电子密码（也称密文）打印在专用发票上，同时也将用于加密的所有信息逐票登录在金税卡的黑匣子中。

如需识别一张发票的真伪，可通过数据扫描器或键盘将发票上的密文输入认证系统，经解密恢复出六项关键数据，再与发票上相应内容对比，若不相等即为假票。

由于每次交易的重要信息（包括开票日期、发票号、购销双方的税务登记号、金额和税额）都被记录在金税卡的黑匣子中，而黑匣子中的信息只能读出不能修改，企业用税控IC卡抄取黑匣子中的信息再持IC卡到主管税务机关报税，税务机关通过报税子系统读取该IC卡中数据，同时与企业提交的纳税申报表及记录有每笔交易数据文件的软盘中的数据对比，两卡记录的金额与税额和累计值应一致。这样税务机关便得到企业所有交易的真实信息，在纳税申报过程中就有效地控制了税源，即达到"税控"的目的。

（三）防伪开票子系统的作用

防伪开票子系统具有以下主要功能：
(1) 开具带有防伪电子密码的增值税专用发票（包括红字发票）；
(2) 企业增值税进项税额和销项税额情况的自动抄报；
(3) 各种含税价与不含税价的自动换算，不必使用计算器；
(4) 方便灵活的客户信息库和商品库操作，最大限度减轻开票人员填写发票的麻烦、缩短开票时间；
(5) 各种发票库和资料库的统计查询；
(6) 各种报表的统计、打印；
(7) 自动形成存根联报表和抵扣联报表及软盘数据文件。

增值税发票系统升级版是对增值税纳税人现有税控开票系统的整合与完善。升级后的增值税防伪税控开票系统可以开具增值税专用发票、增值税普通发票、货物运输业增值税专用发票和机动车销售统一发票。

（四）报税

报税，是纳税人持 IC 卡或者 IC 卡和软盘向税务机关报送开票数据电文。

一般纳税人开具专用发票，应在增值税纳税申报期内向主管税务机关报税，在申报所属月份内可分次向主管税务机关报税。

第三节 实验内容与流程

一、实验内容

（一）系统设置

系统设置有初始化起、参数设置、客户编码、商品编码、类别编码、编码导入、发票导入、税目更新和初始化终九个功能。开票系统启用前必须进行系统设置。

（二）发票管理

发票管理有发票读入、发票退回、发票分配、专用发票填开、发票查询、发票作废、发票收回七个功能。填开发票类型包括普通发票填开和专用发票填开两种。

（三）报税处理

报税处理有发票资料、状态查询、月度统计、读分机卡、抄税处理、资料传出六个功能。

二、实验过程

企业筹办完成后，点击【开票系统】，进入增值税防伪开票系统主页面，增值税防伪开票系统主页面有系统设置、发票管理、报税处理、系统维护四个模块。

（一）系统设置实验过程

在增值税防伪开票系统主页面中点击【系统设置】，进入系统设置页面。

系统设置页面有初始化起、参数设置、客户编码、商品编码、类别编码、编码导入、发票导入、税目更新、初始化终九个功能。在系统设置页面中点击【初始化起】，弹出"系统初始化"对话框。输入相关信息，点击【确定】，清空系统数据，开始进行系统初始化操作。在系统设置页面中点击【参数设置】，弹出"系统参数设置"对话框。查看企业的基本信息和开票机信息，确认信息无误后，点击【确定】，完成系统参数设置操作。在系统设置页面中点击【客户编码】，进入客户编码设置页面。在客户编码设置页面点击【添加】，进入添加信息页面，输入相关信息并点击【保存】完成添加信息操作。在系统设置页面中点击【商品编码】，进入商品编码设置页面进行商品编码设置。在系统设置页面中点击【类别编码】，进入发票类别编码页面，查看发票类别编码。在系统设置页面中点击【税目更新】，进入税目编码设置页面。在开票系统税目初始化第一次完成之后，此处会自动显示设置的税目；点击【税目更新】，税目将更新为在"电子申报管理系统——常用税目管理设置"后，并已在"开票系统税目初始化"中更新后的税目。在系统设置页面中点击【初始化终】，完成初始化操作。

（二）发票管理实验过程

在增值税防伪开票系统主页面中点击【发票管理】，进入发票管理页面。

发票管理页面有发票读入、发票退回、发票分配、专用发票填开、发票查询、发票作废、发票收回七个功能。在发票管理页面中点击【发票读入】，读入最新领购的发票信息。发票读入操作，需要在"国家税务局＞国税管理＞一般纳税人发票管理"中完成"核定领用发票"及"发放发票"操作后，才能成功读入发票信息。

在发票管理页面中点击【发票退回】，进入发票退回页面。选择需要退回的发票信息，点击【退回】按钮，退回对应的发票。在发票管理页面中点击【专用发票填开】，进入填开发票类型选择页面。填开发票类型包括普通发票填开和专用发票填开两种。点击【普通发票填开】，进入普通发票号码确认窗口；点击【专用发票填开】，进入专用发票号码确认窗口；若弹出提示窗口"该种类发票已经用完！"，则需要在"国家税务局＞国税管理＞一般纳税人发票管理"中完成"核定领用发票"及"发放发票"操作，并成功读入后，才能填开发票。填开发票需要在企业端的财务处理系统提交开票申请。在发票管理页面中点击【发票查询】，进入发票查询类型选择页面。发票查询类型包括库存发票查询和已开发票查询两种。点击【库存发票查询】，进入库存发票查询页面；点击【已开发票查询】，进入输入查询月份窗口；在发票管理页面中点击【发票作废】，进入发票作废类型选择页面。发票作废类型包括已开发票作废、普通发票未开发票作废和专用发票未开发票作废三种。点击【已开发票作废】，进入已开发票作废页面。点击【普通发票未开发票作废】，进入普通发票未开发票作废确认窗口。确认作废发票的类别及号码后，点击【确定】，作废对应的普通发票。

点击【专用发票未开发票作废】，进入专用发票未开发票作废确认窗口。确认作废发票的类别及号码后，点击【确定】，作废对应的专用发票。在普通发票号码确认窗口确认开具发票的类别及号码后，点击【确定】，进入普通发票开具页面。在专用发票号码确认窗口确认开具发票的类别及号码后，点击【确定】，进入专用发票开具页面。"库存发票查询页面"可以查看库存发票的相关信息。在已开发票作废页面点击【作废】，作废按钮对应行次的发票信息。在普通发票开具页面或专用发票开具页面中，点击【放弃】，返回到"填开发票类型选择页面"；若点击【打印】，保存当前的发票信息，在用户连接打印机的前提下打印发票，并进入发票预览页面；同时点击打印后发票会传递到财务处理系统。点击【记账联】，页面显示发票的记账联；点击【发票联】，页面显示发票的发票联；点击【盖章】，进项盖发票章操作；点击【发票导出】，导出发票信息。在普通发票开具页面或专用发票开具页面中，点击【负数】，进入输入发票代码、号码窗口；输入对应正数发票的发票代码及号码后，点击【下一步】，再进行点击【确认】，最终生成对应的红字发票。在普通发票开具页面（或专用发票开具页面）中，点击【折扣】，进入输入折扣信息窗口；输入相关的折扣信息后，点击【确认】，完成折扣录入的操作。

（三）报税处理实验过程

在增值税防伪开票系统主页面中点击【报税处理】，进入报税处理页面。

报税处理页面有发票资料、状态查询、月度统计、读分机卡、抄税处理、资料传出六个功能。点击【发票资料】，打开发票资料条件窗口；点击【状态查询】，打开状态查询页面；点击【月度统计】，打开月度统计条件窗口；点击【抄税处理】，打开抄税处理窗口；点击【资料传出】，打开输入维护口令窗口。

（四）系统维护实验过程

增值税防伪开票系统主页面中点击【系统维护】，进入系统维护页面，系统维护页面有备份目录、数据备份、查询备份、数据整理、操作员、软盘备份、退出查询、日志查询八个功能。系统维护页面有备份目录、数据备份、查询备份、数据整理、操作员、软盘备份、退出查询、日志查询八个功能。备份目录可以查看备份次数，上次备份时间等信息；数据备份可以录入备份数据，完成数据备份操作；查询备份可以打开"查询备份窗口"查看备份数据名称和日期；数据整理可恢复备份数据也可删除备份数据；操作员可查看操作员情况和设置密码；软盘备份可将文件另存为软盘；退出查询功能暂不使用；日志查询可查询操作员进入系统时间、操作时间以及操作的内容。

选择查询条件后，如果查询选项为"汇总表"，进入增值税发票汇总表；如果查询选项为"清单"，进入正数发票清单。点击【确定】，完成抄税处理。

本 章 小 结

本章介绍发票领购及开具的相关知识，包括防伪税控系统的构成及防伪税控子系统的作用等理论知识，企业开票系统需要掌握的具体实验内容。通过本章的学习使学生掌握企业如何领购和开具增值税专用发票和普通发票，防伪税控系统的运作，同时为税务会计进行纳税申报提供基础资料。

重 点 概 念

防伪税控系统；防伪税控开票子系统；报税

实 验 操 作 题

企业如何领购和开具增值税专用发票和普通发票？

第十章　专用发票抵扣认证实验

本章学习目标：

识记发票认证的概念，了解发票认证系统的功能和发票认证的结果处理，掌握发票认证的目的和过程，掌握发票认证的时间和办理过程。掌握企业和税务局关于发票认证实验操作业务。

第一节　发票认证管理

一、发票认证的定义

发票认证是指税务机关对增值税一般纳税人取得的防伪税控系统开具的增值税专用发票抵扣联和运输发票抵扣联，利用扫描仪自行采集其密文和明文图像，运用识别技术将图像转换成电子数据，然后对发票密文进行解密，并与发票明文逐一核对，以判别其真伪的过程。纳税人到税务机关通过增值税税控系统对增值税专用发票、货物运输业增值税专用发票和机动车销售统一发票的抵扣联进行识别、确认。认证相符就是指纳税人识别号无误，专用发票所列密文解译后与明文一致。

二、发票认证的结果处理

（1）利用防伪税控认证子系统对企业提供的抵扣联进行防伪认证（对计算机不能识别但票面清晰的专用发票，按票面信息进行人工校正），根据认证结果的不同，分以下情况进行处理：

①认证相符的专用发票（包括人工校正认证相符）认证完毕后，当场向企业下达《认证结果通知书》和认证清单，要求企业当场核对发票份数，并返还企业认证相符的增值税专用发票；

②无法认证、纳税人识别号认证不符合发票代码号码认证不符（指密文和明文相比较，发票代码或号码不符）的发票，将发票原件退还纳税人；

③密文有误、认证不符（不包括纳税人识别号认证不符合发票代码号码认证不符）和抵扣联重号的专用发票必须当即扣留；对远程认证结果为"认证未通过"的专用发票抵扣联，应在发现的当日通知纳税人于2日内持专用发票抵扣联原件到税务机关再次认证，对仍认证不符的或密文有误的发票，必须当即扣留；

④对于扣留的专用发票（包括运输发票），认证人员应填写《增值税专用发票抵扣联扣留通知书》，随同《认证结果通知书》和《专用发票认证结果清单》交纳税人作为扣留凭证，同时填写《认证不符或密文有误专用发票转办单》，与扣留的专用发票抵扣联原件及电子数据，于发现的当日移送稽查部门；专用发票注明金额在10万元以上的，则须立即将专用发票原件和电子数据移送稽查局查处，同时将此情况立即向主管领导报告，主管税务机关要立即将此情况以电话直接通知总局，并最迟于次日将专用发票复印件、《防伪税控认证不符和密文有误增值税专用发票情况表》直接传至总局，同时逐级抄报省局。

（2）如果企业报送税务机关认证的发票抵扣联已污损、褶皱、揉搓，无法运用认证子系统进行认证的，可允许纳税人用相应的其他联次进行认证（采集），处理方式同上。

三、发票认证的目的

认证的目的是确认增值税发票的真假，只有通过认证的发票才能抵扣进项税额。自2017年7月1日起，增值税一般纳税人取得的2017年7月1日及以后开具的增值税专用发票和机动车销售统一发票，应自开具之日起360日内认证或登录增值税发票选择确认平台进行确认，并且必须在认证的当月抵扣，否则，不予抵扣。

四、发票认证过程

增值税进项发票的认证在税务机关的认证系统进行。将发票准备好，拿到国税申报大厅，由税务工作人员将发票信息扫入系统，由系统自动进行比对，就可以确认发票的真假。对于开展了网上认证的地区，纳税人可以在自己单位将发票通过扫描仪扫入，将数据文件传给税务机关就可以完成认证，也可以网上认证（见图10-1）。

五、发票认证系统的功能

税控系统由四个子系统构成：税务发行子系统、企业发行子系统、防伪开票子系统和认证报税子系统（认证和报税为两套软件，但必须装在同一台计算机中）。税务发行子系统的主要功能是对下级税务发行子系统、下级企业发行子系统及下级认证报税子系统进行发行；企业发行子系统的功能是对企业开票子系统进行初始发行和向企业发售专

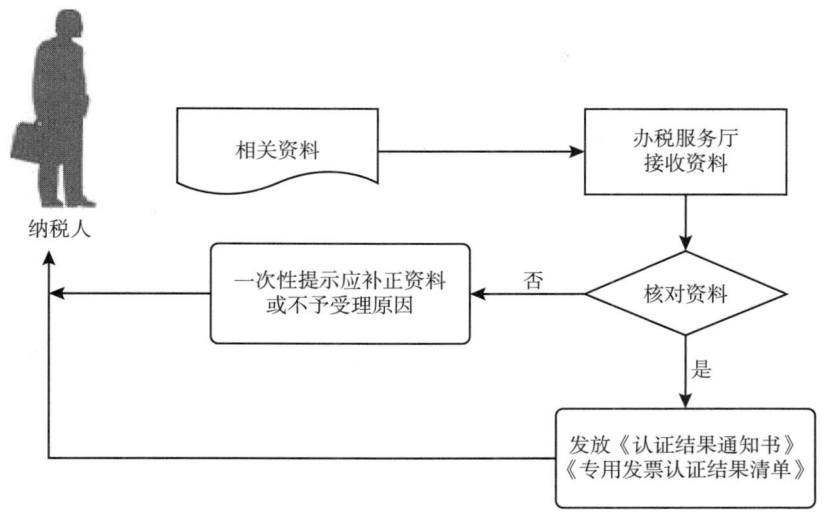

图 10-1 发票认证办理流程

用发票；认证报税子系统的主要功能是接收企业的抄税数据并对发票的真伪进行辨别，以上三个子系统是分别用于各级税务机关。防伪开票子系统则是专门用于企业开具专用发票。税务机关通过增值税认证报税子系统对纳税人增值税专用发票、货物运输业增值税专用发票和机动车销售统一发票的抵扣联进行识别、确认。

增值税一般纳税人申请抵扣的防伪税控系统开具的增值税专用发票和货物运输发票、机动车销售统一发票，必须自该发票开具之日起 180 日内到税务机关认证。

自 2017 年 7 月 1 日起，增值税一般纳税人取得的 2017 年 7 月 1 日及以后开具的增值税专用发票和机动车销售统一发票，应自开具之日起 360 日内认证或登录增值税发票选择确认平台进行确认，并在规定的纳税申报期内，向主管国税机关申报抵扣进项税额。

自 2016 年 3 月 1 日起，纳税信用 A 级、B 级、C 级增值税一般纳税人取得销售方使用增值税发票系统升级版开具的增值税发票（包括增值税专用发票、货物运输业增值税专用发票、机动车销售统一发票），可以不再进行扫描认证，通过增值税发票税控开票软件登录本省增值税发票查询平台，查询、选择用于申报抵扣或者出口退税的增值税发票信息。

第二节　实验内容与业务流程

一、实验内容

（1）企业端进项发票录入。
（2）国税端导出密钥。

（3）"发票认证系统"认证发票。
（4）企业端进项发票认证管理。
（5）税务局网站认证。

二、实验过程

（一）发票认证系统认证

进入电子申报管理系统，选择进项发票——防伪税控进项专用发票，进入防伪税控进项专用发票窗口，录入防伪税控进项专用发票。到国税局，导出企业密钥。企业端"发票认证系统"认证发票，读入密钥，录入防伪税控进项专用发票数据，上报税局，接收认证结果，导出认证结果。进入电子申报管理系统，选择进项发票——防伪税控进项专用发票，导入认证结果，完成增值税专用发票认证。

（二）税务局网站认证

在国税网站登录页面点击【发票认证】，出来发票认证页面。点击【网上认证】，弹出接收企业认证数据对话框。点击【浏览】选择接收文件，然后点击【接收企业申报数据】，完成数据接收操作，系统会自动弹出对话框显示认证结果。在发票认证页面中点击【进入下载】，下载保存认证通过的数据文件，该文件可用于企业电子申报管理系统导入认证通过的进项发票。在发票认证页面中认证查询区域输入相应的查询条件，并点击对应的【查询】按钮，系统自动筛选出符合条件的发票信息。

本 章 小 结

企业购买商品，收到增值税专用发票，需要认证抵扣进项税。本课时着重于企业端"发票认证系统"认证发票过程以及发票认证管理。

第十一章　企业电子报税管理实验

本章学习目标：
（1）了解纳税申报相关概念；
（2）理解纳税申报基本内容；
（3）掌握申报文件上传及网络直接报送的两种方式。

第一节　纳　税　申　报

 一、纳税申报的定义

纳税申报是指纳税人发生纳税义务后，依照税法规定，就有关纳税事项向税务机关提交书面报告的制度，是纳税人履行纳税义务、承担法律责任的主要依据，是税务机关税收管理信息的主要来源和税务管理的一项重要制度。

 二、办理纳税申报的对象

办理纳税申报的对象包括依法负有纳税义务的单位和个人；依法负有代扣代缴、代收代缴义务的单位和个人，即扣缴义务人。纳税人、扣缴义务人发生纳税义务、税款扣缴义务后，应在规定的申报期限内，如实填报纳税申报表、代扣（收）代缴税款报告表，并附报财务会计报表和税务机关要求提供的有关纳税资料。

 三、纳税申报的方式

（一）直接申报、邮寄申报和数据电文申报

纳税申报的方式按送达方式划分，直接申报，即上门申报，是指纳税人、扣缴义务人在规定的申报期限内，直接到主管税务机关办理纳税申报、代扣（收）代缴税款报告手续的一种方式。它是《税收征管法》所规定的主要申报方式。邮寄申报，是指纳税人、扣缴义务人经税务机关批准在规定的申报期限内，通过邮寄方式向主管税务机关报送纳税申报表、代扣（收）代缴税款报告及有关纳税资料，办理申报手续的一种申报方式。数据电文申报，也称电子申报，是指纳税人、扣缴义务人经税务机关批准在规定的申报期限内，通过税务机关确定的电话语音、电子数据交换和网络传输等电子方式，向主管税务机关办理纳税申报、代扣（收）代缴税款报告的一种申报方式。

（二）自行申报和代理申报

自行申报纳税，是指在税法规定的纳税期限内，由纳税人自行向税务机关申报取得的应税所得项目和数额，如实填写个人所得税纳税申报表，并按税法规定计算应纳税额的一种纳税方法。自行申报纳税制度是指建立在纳税人自核、自填、自缴方式基础上的一种纳税申报制度。纳税义务人有下列情形之一的，应当按照规定到主管税务机关办理纳税申报：

下列人员为自行申报纳税的纳税义务人：年所得在 12 万元以上的，从中国境内两处或两处以上取得工资、薪金所得的；从中国境外取得所得的、取得应税所得，没有扣缴义务人的等。

年所得额在 12 万元以上的纳税人，在纳税年度终了后 3 个月内到主管税务机关办理纳税申报。

一般情况下，纳税人应在取得应税所得的次月 15 日内向主管税务机关申报所得并缴纳税款。扣缴义务人每月扣缴的税款，应当在次月 15 日内缴入国库，并向主管税务机关报送相关资料。

如果纳税人未按照规定的期限办理纳税申报和报送纳税资料的，由税务机关责令限期改正，可以处以 2000 元以下的罚款；情节严重的，可以处以 2000 元以上 10000 元以下的罚款。

代理申报，是指纳税人、扣缴义务人委托具有代理执业资格的税务代理人代为填写纳税申报表、代扣代缴税款报告表、代为办理申报手续的一种申报方式。

四、纳税申报表

纳税申报表，是税务机关指定，由纳税人填写，以完成纳税申报程序的一种税收文书。一般应包括纳税人名称、税种、税目、应纳税项目、适用税率或单位税额、计税依据、应纳税款、税款属期等内容。增值税申报表还有进项税额、销项税额；所得税申报表还有销售收入、销售利润、应纳税所得额、应纳所得税额等。

第二节 税款征收

税款征收是税务机关依照税收法律、行政法规的规定，将纳税义务人依法应缴纳的工商各税组织征收入库的一系列活动的总称。

 一、税款征收方式

税款征收方式是指税务机关对纳税人应纳的税款从计算核定到征收入库所采取的具体征税形式或方法。根据税款收缴人划分为税务机关直接征收，由税务机关向纳税人直接征收税款。代收代缴是指依照税法规定，负有代收代缴税款义务的单位和个人，在向纳税人收取款项的同时，依法收取纳税人应纳的税款并按照规定的期限和缴库办法申报解缴的一种方式。如《消费税暂行条例》规定，纳税人"委托加工的应税消费品，由受托方在向委托方交货时代收代缴税款"。这种方式的适用范围仅限于税法中明确规定的情形。代扣代缴是指按照税法规定，负有代扣代缴税款义务的单位和个人，在向纳税人支付款项时，依法从支付款额中扣收纳税人应纳的税款并按照规定的期限和缴库办法申报解缴的一种方式。在实际操作中，它的适用范围仅限于税法中明确规定的情形。（资源税，收购单位为代扣代缴义务人）委托代征是指税务机关委托某些单位或个人，代其向纳税人征收税款的一种方式。受托代征税款的单位和人员按照代征证书的要求，以税务机关的名义依法征收税款，纳税人不得拒绝。

 二、税款缴库方式

国库的设置，中央设立总库；省、自治区、直辖市设立分库；省辖市、自治州设立中心支库；县设立支库；县以下设国库经收处。各级国库均由中国人民银行代理，支库以下经收处的业务由专业银行的基层机构代理。国库经收处收纳税款仅为代收性质，应按规定办理划解手续，上划支库后才算正式入库。

税款缴库方式包括直接缴库与汇总缴库，直接缴库是指纳税人或扣缴义务人直接向国库经收处缴纳税款的一种缴库方式。凡在银行开立账户的纳税人或扣缴义务人都应当根据不同的税款征收方式，自填和由税务机关填开税收缴款书，在规定的期限内直接向国库经收处缴纳税款。汇总缴库是指税务机关直接向纳税人收取税款，并按照规定的期限向国库或国库经收处汇总解缴的一种缴库方式。这种方式主要适用于直接向国库经收处缴纳税款有困难，以及没有在银行开设结算账户的纳税人。如个体工商户、临时经营户或个人。

从我国目前的情况看，税收管理机构分为税务机构、海关和财政部门。税务机构在中央设置国家税务总局，下面设置国家税务局、地方税务局两大征收管理机构，分别履行中央税、地方税以及中央和地方共享税的管理职责。财政部门主要征收农业税、牧业税、耕地占用税、契税。海关主要征收关税、船舶吨税、海关代征的增值税、消费税。税务机构国税局与地税局分别征收其他税款。目前我国选择分税制，有中央税、地方税，又有中央地方共享税。中央税与共享税由国家税务局征收和管理，地方税由地方税务局征收和管理。这是我国的税收管理体制。该实验课程按照我国税收管理机构的设置，分别使用两个系统即"企业电子报税实验系统"和"地税明细申报实验系统"分别模拟国税局和地税局两个机构对不同的税种进行征收管理。

第三节 税务凭证与纳税申报表

 一、增值税扣税凭证

增值税扣税凭证，是指纳税人购进货物、加工修理修配劳务、服务、无形资产或者不动产时取得或开具的记载所支付或者负担的增值税税额，并据此从销项税额中抵扣进项税额的凭证。进项税纳税人购进货物或者接受应税劳务，所支付或者负担的增值税税额为进项税额。增值税中列计进项税额的发票叫作进项发票。进项发票是一种增值税扣税凭证。

（一）防伪税控进项专用发票

发票分为普通发票和增值税专用发票。专用发票不仅是记载商品销售额和增值税税额的财务收支凭证而且是兼记销货方纳税义务和购货方进项税额的合法证明，是购货方据以抵扣税款的法定凭证，对增值税的计算起着关键作用。

（二）税局代开发票

小规模纳税人如果要开具增值税专用发票，只能到税务局代开发票，不能自行开具。在电子报税管理系统中，将鼠标移回至进项发票处，点击【税局代开发票】按钮，进行税局代开发票的录入。

（三）海关专用缴款书

根据现行政策规定，增值税一般纳税人（以下简称纳税人）真实进口货物，从海关取得海关进口增值税专用缴款书（以下简称海关缴款书），可以按照规定抵扣增值税税款。海关缴款书实行"先比对后抵扣"的管理办法，对稽核比对结果相符的，纳税人方可申报抵扣。在电子申报系统中，将鼠标移回至进项发票处，点击【海关专用缴款书】按钮，录入海关完税凭证。国家税务总局 2017 年第 11 号公告《国家税务总局关于进一步明确营改增有关征管问题的公告》作出新的规定，增值税一般纳税人取得的 2017 年 7 月 1 日及以后开具的海关进口增值税专用缴款书，应自开具之日起 360 日内向主管国税机关报送《海关完税凭证抵扣清单》，申请稽核比对。

（四）代扣代缴税收通用缴款书

代扣代缴是依照税法规定负有代扣代缴义务的单位和个人，从纳税人持有的收入中扣取应纳税款并向税务机关解缴的一种纳税方式。税收通用缴款书，是纳税人直接向银行缴纳及扣缴义务人代扣代收后向银行汇总缴纳税款（固定资产投资方向调节税和出口货物税收除外）、基金、费用、滞纳金和罚款等各项收入时使用的一种通用缴款凭证。代扣代缴税收通用缴款书则是负有代扣代缴义务的单位和个人代扣代收后向银行汇总缴纳税款（固定资产投资方向调节税和出口货物税收除外）、基金、费用、滞纳金和罚款等各项收入时使用的一种通用缴款凭证。在电子报税系统中，将鼠标移回至进项发票处，点击【代扣代缴税收通用缴款书】，进入代扣代缴税收通用缴款书界面，录入相应信息。

（五）统一收购发票

我国现行税法规定，增值税一般纳税人购进的免税农产品收购发票金额可按规定的扣除率计算抵扣进项税额，农副产品收购发票的开具和使用有两种情况：第一种是：农民销售自产的农副产品，由收购企业开具农产品收购发票；第二种是：非农户企业、农场、林场、开发公司销售自产农产品或经过对农产品生产加工后销售农产品使用的货物销售发票。针对收购农产品、废旧物资的企业，有些是可以抵扣的，有些是不可以抵扣的，但是都需要申报明细数据。

（六）机动车进项发票

自 2009 年 1 月 1 日起，增值税一般纳税人从事机动车（应征消费税的机动车和旧机动车除外）零售业务必须使用税控系统开具机动车销售统一发票。增值税一般纳税人购买机动车取得的税控系统开具的机动车销售统一发票，属于扣税范围的，应自该发票开具之日起 90 日内到税务机关认证，认证通过的可按增值税专用发票作为增值税进项税额的扣税凭证。

（七）农产品销售发票

销售发票是一种用来表明已销售商品的规格、数量、价格、销售金额、运费和保险费、开票日期、付款条件等内容的凭证。农产品销售发票是指非农户企业、农场、林场、开发公司销售自产农产品或经过对农产品生产加工后销售农产品使用的货物销售发票。

二、税务凭证

（一）退税凭证

出口退税是指税务机关在出口环节依法向商品生产者或者经营单位退还在其他环节已经征收的税款的活动。出口退税制度的推行，是国家鼓励出口创汇的重要措施，旨在促进我国商品以不含税成本进入国际市场，参与竞争，因此，对在国内已征收过增值税、消费税的产品，在其出口时将被依法征收的税款退还于出口企业，以保证我国商品同国外商品在同等税收条件下参与竞争。出口退税凭证，是企业或个人申办出口退税事宜过程中不可或缺的证明文件，也是税务机关办理出口退税的重要依据。

（二）留抵欠税通知单

增值税一般纳税人因销项税额小于进项税额而产生期末留抵税额的，应以期末留抵税额抵减增值税欠税。留抵欠税通知单是用上期留底税额抵减企业发生的欠税，如果收到通知单才需要录入，每个月只能存在一张"留抵欠税通知单"。

（三）纳税申报调整单

纳税人报送的增值税纳税申报电子数据有误的，应由纳税人手工制作相应税款所属时期的纸质增值税纳税申报主表，把调整后数据与调整前数据的差额，在增值税纳税申报主表相应项目的"本月数"栏中填写，并到主管税务机关前台办理补充申报的手续。

第四节　实验内容与业务流程

一、实验内容

（1）一般纳税人基础信息设置。
（2）一般纳税人进项发票管理。
（3）一般纳税人销项发票管理。
（4）一般纳税人税务凭证管理。
（5）一般纳税人报表填写。
（6）一般纳税人申报管理。

二、实验过程

在国家税务总局进行设立登记时,增值税类型认定为一般纳税人的企业,企业筹办完成后,点击【电子申报管理系统】,选择所属企业,进入一般纳税人企业端,完成企业电子报税实验内容。具体步骤如图 11-1 所示。

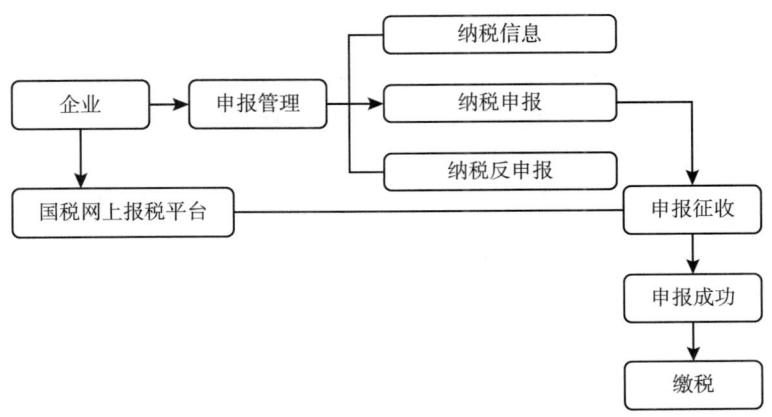

图 11-1　纳税申报流程图

（一）一般纳税人基础信息设置实验过程

在一般纳税人企业端中进入【基础信息】,完成参数、系统配置、公司资料、期初信息、常用税目管理、供应商和客户资料管理、货物信息管理、海关口岸管理、常用税务机关管理、开票系统税目初始化、消费税类别、消费税税目设置。

（二）一般纳税人进项发票管理实验过程

进项发票包括：防伪税控进项专用发票、税局代开进项发票、海关专用缴款书等十个子模块,点击【防伪税控进项专用发票】按钮,进行进项发票的填开。点击【税局代开发票】按钮,进行税局代开发票的录入。点击【海关专用缴款书】按钮,录入海关完税凭证。点击【代扣代缴税收通用缴款书】,进入代扣代缴税收通用缴款书界面,完成代扣代缴税收通用缴款书的录入相关信息。点击【统一收购发票】进入统一收购发票界面,统一收购发票：针对收购农产品,废旧物资的企业,有些是可以抵扣的,有些是不可以抵扣的,但是都需要申报明细数据。点击【机动车进项发票】按钮,进入机动车进项发票界面录入相关信息,机动车进项发票可以作为固定资产进行抵扣,需要申报明细数据。点击【农产品销售发票】按钮进入农产品销售发票界面录入相关信息。点击【进项税额转出额】按钮,进入进项税额转出额界面录入相关信息。进项税额转出额分为两种情况输入：非即征即退和即征即退。点击【进项发票查询】按钮,进入进项发票查询界面录入相关信息。

（三）一般纳税人销项发票管理实验过程

销项发票包括：防伪税控销项专用发票、防伪税控普通发票等九个子模块。

点击【防伪税控销项专用发票】按钮，进入防伪税控销项专用发票界面，录入防伪税控销项专用发票。点击【防伪税控普通发票】按钮，进入防伪税控普通发票界面录入相关发票信息。点击【机动车销售统一发票】进入机动车销售统一发票界面，添加机动车销售统一发票。点击【二手车销售发票】按钮，进入二手车销售发票界面，进行二手车销售发票的录入。企业发生不开票销售业务时，点击【未开具发票】进行相关信息录入。点击【纳税检查调整】进入纳税检查调整界面，录入相关信息。点击【通用机打普票】按钮，进入通用机打普票界面，录入通用机打发票。点击【其他普通发票】按钮，进入其他普通发票界面，录入其他普通发票。点击【销项发票查询】按钮，进入销项发票查询界面，录入相关信息点击【查询】即可快速查询到符合条件的销项发票，查询条件可输入一个或多个。

（四）一般纳税人税务凭证管理实验过程

【税务凭证管理】按钮下包括：退税凭证管理、留抵欠税通知单和纳税申报调整单三个子模块。点击【退税凭证管理】按钮，进入"退税凭证管理界面"，增加退税凭证信息。留抵欠税通知单是用上期留底税额抵减企业发生的欠税，如果收到通知单才需要录入，每个月只能存在一张"留抵欠税通知单"。点击【留抵欠税通知单】按钮进入留抵欠税通知单界面，进行留抵欠税通知单的添加，根据税务局文件进行信息录入。点击【纳税申报调整单】按钮，进入纳税申报调整单界面，新增纳税申报调整单。

（五）一般纳税人报表填写实验过程

点击【增值税一般纳税人申报】按钮，进入增值税一般纳税人申报界面，点击相应报表进行相应报表的填写。填写报表时需注意填表的顺序：填写完附表一、附表二和附表四后才能填写附表三；填写完附表三后才能填写增值税一般纳税人主表；填写完主表后才可填写应税服务扣除项目清单；填写完应税服务扣除项目清单后才可填写下属单位分配表及税负变化申报表。增值税一般纳税人申报表页面，除报表外还有四个功能按钮，分别是生成申报盘、完税、撤销申报和重填申报表。点击【其他应税消费品消费税】按钮，进行其他应税消费品消费税报表的填写，必须先填写附表再填写主表。

（六）一般纳税人申报管理实验过程

如果在系统设置中选择的申报方式为申报文件上传方式，则【申报管理】按钮下包括：生成申报盘、撤销申报和申报查询三个子模块。点击【生成申报盘】按钮，此时可以看到增值税和消费税申报表。选择所需申报的申报表，点击【导出】生成申报盘。点击【撤销申报】按钮，选择所需撤销的申报表即可。

点击【申报查询】按钮，可以查询当前税款所属期（或是以前月份）的申报表。选择申报种类及申报年份，点击查询即查询到所需的申报表。点击【网络申报】按钮，选择所需申报的申报表，点击【发生报表】进行网络申报。点击【作废申报】按钮，选择需作废的申报表，点击【作废】按钮进行申报表作废操作。点击【税款缴纳】按钮，可以看到未缴费的税目信息。点击【扣款】进行缴税。

第五节　增值税小规模纳税人申报管理实验操作

一、小规模纳税人基础信息设置

（1）参数设置。
（2）系统配置。
（3）公司资料设置。
（4）期初信息设置。
（5）常用税目管理。
（6）供应商/客户资料管理。
（7）货物信息管理。
（8）消费税类别设置。
（9）消费税税目设置。

二、销项发票（小规模纳税人）

（1）未开具发票。
（2）其他普通发票。
（3）代开增值税发票。

三、报表填写（小规模纳税人）

（1）增值税小规模纳税人申报。
（2）消费税纳税申报。

四、申报管理（小规模纳税人）

（1）生成申报盘。
（2）撤销申报。
（3）申报查询。
（4）网络申报。
（5）作废申报。
（6）申报查询。
（7）税款缴纳。

本 章 小 结

本章介绍纳税申报的相关理论知识，包括纳税申报定义和方式、税款征收和缴库方式，以及税务凭证与纳税申报表等内容。通过本章的学习使学生掌握企业纳税申报的相关理论知识，学会纳税申报的实验操作流程。

实验操作题

1. 增值税一般纳税人纳税申报与税款缴纳。
2. 增值税小规模纳税人纳税申报与税款缴纳。

第四篇 实 验 案 例

本课程采用行业案例,模拟企业税务登记、发票管理、纳税申报及税款缴纳等具体业务。以最简洁的案例,体现最全面的知识点,全方位培养学生的综合能力。学生通过实验课程,掌握现行税收制度的基本规定,了解熟悉企业与税局往来业务中的关联业务,掌握税种核定事项的基本流程和知识;掌握增值税、消费税、企业所得税、个人所得税等税种的计算方法和纳税申报程序。本篇知识结构如下图所示。

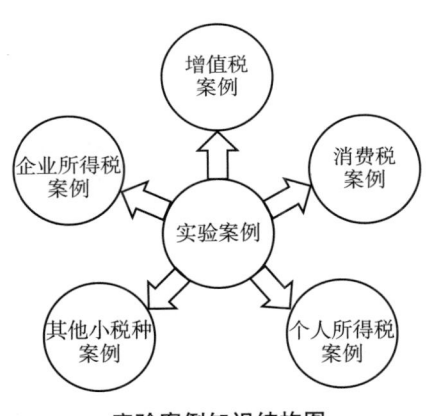

实验案例知识结构图

第十二章 增值税实验案例

第一节 一般纳税人实验案例

一、春香酒业股份有限公司

(一) 企业基本信息

法定代表人：王可
纳税人识别号：388126329589343
地址及电话：广州市番禺区环城中路 566 号 020 - 89063236
开户行及账号：中国工商银行广州市番禺区支行 21231478654982195430
企业登记注册类型：有限责任公司
所属行业：制造业
所在地区：广州市

(二) 企业税务目信息

企业税务目信息如表 12 - 1 所示。

表 12 - 1 企业税务目信息

税目名称	税率（%）	征税率（%）
白酒	17	3
黄酒	17	3
啤酒	17	3
酒精	17	3
其他酒	17	3

续表

税目名称	税率（%）	征税率（%）
专用设备	17	3
通用设备	17	3
纸箱	17	3
水产品水果	13	3
计算机	17	3
计算机组装配件	17	3
玻璃器	17	3
家具	17	3
粮食	13	3
电冰箱	17	3
自来水	6	3
电煤水供应	13	3
小汽车	17	3
汽车	17	3
应税劳务	17	3
委托加工	17	3

（三）公司产品劳务资料

（1）产品编码：200001

名称：春香瓶装白酒（56度）

规格：12瓶×500ml

单位：箱

税种代码：1010102011

是否含税：否

税率：17%

含税价：702.00元

不含税价格：600.00元

海关编码：2201

产品代码：20001

（2）产品编码：200002

名称：春香瓶装白酒（45度）

规格：12瓶×500ml

单位：箱

税种代码：1010102011
是否含税：否
税率：17%
含税价：585.00 元
不含税价格：500.00 元
海关编码：2202
产品代码：20002

（3）产品编码：200003
名称：春香瓶装白酒（38度）
规格：12 瓶×500ml
单位：箱
税种代码：1010102011
是否含税：否
税率：17%
含税价：526.50 元
不含税价格：450.00 元
海关编码：2203
产品代码：20003

（4）产品编码：200004
名称：春香纯生啤酒
规格：24 瓶×600ml
单位：箱
税种代码：1010102013
是否含税：否
税率：17%
含税价：58.50 元
不含税价格：50.00 元
海关编码：2204
产品代码：20004

（5）产品编码：200005
名称：春香保健酒
规格：24 瓶×280ml
单位：箱
税种代码：1010102019
是否含税：否
税率：17%

含税价：561.60 元

不含税价格：480.00 元

海关编码：2205

产品代码：20005

（6）产品编码：200006

名称：春香普通啤酒

规格：24 瓶×600ml

单位：箱

税种代码：1010102013

是否含税：否

税率：17%

含税价：42.12 元

不含税价格：36.00 元

海关编码：2206

产品代码：20006

（7）产品编码：200007

名称：春香米酒

规格：24 瓶×500ml

单位：箱

税种代码：1010102019

是否含税：否

税率：17%

含税价：224.64 元

不含税价格：192.00 元

海关编码：2207

产品代码：20007

（8）产品编码：200008

名称：春香料酒

规格：12 瓶×500ml

单位：箱

税种代码：1010102019

是否含税：否

税率：17%

含税价：182.52 元

不含税价格：156.00 元

海关编码：2208

产品代码：20008

（9）产品编码：200009

名称：春香扎啤

规格：—

单位：吨

税种代码：1010102019

是否含税：否

税率：17%

含税价：58500.00 元

不含税价格：50000.00 元

海关编码：2209

产品代码：20009

（10）产品编码：200010

名称：春香黄酒

规格：24 瓶×500ml

单位：箱

税种代码：1010102012

是否含税：否

税率：17%

含税价：104.13 元

不含税价格：89.00 元

海关编码：2210

产品代码：20010

（11）产品编码：200011

名称：酒精

规格：—

单位：吨

税种代码：1010102020

是否含税：否

税率：17%

含税价：1170 元

不含税价格：1000 元

海关编码：2211

产品代码：20011

（12）编码：200012

名称：春香蜂王酒

规格:—

单位:吨

税种代码:1010102019

是否含税:否

税率:17%

含税价:19276.92 元

不含税价格:16476 元

海关编码:2212

产品代码:20012

(13) 产品编码:200013

名称:红樱桃干红葡萄酒

规格:12 瓶×750ml

单位:箱

税种代码:1010102019

是否含税:否

税率:17%

含税价:702.00 元

不含税价格:600.00 元

海关编码:2213

产品代码:20013

(14) 产品编码:200014

名称:格拉洛红酒

规格:12 瓶×750ml

单位:箱

税种代码:1010102019

是否含税:否

税率:10%

含税价:247.5 美元

不含税价格:225 美元

海关编码:2214

产品代码:20014

(100 美元=650 元人民币)

(15) 产品编码:200015

名称:玻璃酒瓶

规格:600ml

单位:个

税种代码：1010110200
是否含税：否
税率：17%
含税价：0.23 元
不含税价格：0.2 元
海关编码：2215
产品代码：20015

（16）产品编码：200016
名称：啤酒机
规格：X86 – Zml
单位：台
税种代码：1010113030
是否含税：否
税率：17%
含税价：234000 元
不含税价格：200000 元
海关编码：2216
产品代码：20016

（17）产品编码：200017
名称：纸箱
规格：L – 1010
单位：个
税种代码：1010105200
是否含税：否
税率：17%
含税价：1.40 元
不含税价格：1.20 元
海关编码：2217
产品代码：20017

（18）产品编码：200018
名称：纸箱
规格：M – 1011
单位：个
税种代码：1010105200
是否含税：否
税率：17%

含税价：0.94 元
不含税价格：0.8 元
海关编码：2218
产品代码：20018
（19）产品编码：200019
名称：纸箱
规格：S-1012
单位：个
税种代码：1010105200
是否含税：否
税率：17%
含税价：0.47 元
不含税价格：0.40 元
海关编码：2219
产品代码：20019
（20）产品编码：200020
名称：税控打印机
规格：S-1012
单位：台
税种代码：1010113030
是否含税：否
税率：17%
含税价：6552 元
不含税价格：5600 元
海关编码：2220
产品代码：20020
（21）产品编码：200021
名称：小麦
规格：—
单位：吨
税种代码：1010103101
是否含税：否
税率：17%
含税价：1053 元
不含税价格：900 元
海关编码：2221

产品代码：20021

（22）产品编码：200022

名称：高粱

规格：—

单位：吨

税种代码：1010103101

是否含税：否

税率：17%

含税价：702元

不含税价格：600元

海关编码：2222

产品代码：20022

（23）产品编码：200023

名称：谷子

规格：—

单位：吨

税种代码：1010103101

是否含税：否

税率：17%

含税价：936元

不含税价格：800元

海关编码：2223

产品代码：20023

（24）产品编码：200024

名称：香蕉

单位：吨

税种代码：1010403000

是否含税：否

税率：17%

含税价：2925元

不含税价格：2500元

海关编码：2224

产品代码：20024

（25）产品编码：200025

名称：鼠标

单位：个

税种代码：1012380542
是否含税：否
税率：17%
含税价：179.01元
不含税价格：153元
海关编码：2225
产品代码：20025
（26）产品编码：200026
名称：菠萝
单位：吨
税种代码：1010403000
是否含税：否
税率：17%
含税价：5031元
不含税价格：4300元
海关编码：2226
产品代码：20026
（27）产品编码：200027
名称：冰柜
单位：台
税种代码：1010114010
是否含税：否
税率：17%
含税价：16473.6元
不含税价格：14080元
海关编码：2227
产品代码：20027
（28）产品编码：200028
名称：电脑桌
单位：张
税种代码：1010119902
是否含税：否
税率：17%
含税价：563.94元
不含税价格：482元
海关编码：2228

产品代码：20028

（29）产品编码：200029

名称：酿酒设备

单位：台

税种代码：1010113030

是否含税：否

税率：17%

含税价：225225 元

不含税价格：192500 元

海关编码：2229

产品代码：20029

（30）产品编码：200030

名称：水

单位：吨

税种代码：1010330001

是否含税：否

税率：6%

含税价：1.638 元

不含税价格：1.4 元

海关编码：2230

产品代码：20030

（31）产品编码：200031

名称：电

单位：千瓦/小时

税种代码：1010390002

是否含税：否

税率：17%

含税价：1.521 元

不含税价格：1.3 元

海关编码：2231

产品代码：20031

（32）产品编码：200032

名称：小轿车

规格：RD8005 小轿车

单位：辆

税种代码：1010113010

是否含税：否
税率：17%
含税价：339300 元
不含税价格：290000 元
海关编码：2232
产品代码：20032
（33）产品编码：200033
名称：汽车
规格：YD4568-F
单位：辆
税种代码：1010113011
是否含税：含
税率：17%
含税价：79560 元
不含税价格：68000 元
海关编码：2233
产品代码：20033
（34）产品编码：200034
名称：香香大礼包
规格：—
单位：箱
税种代码：1010420000
是否含税：否
税率：17%
含税价：374.4 元
不含税价格：320 元
海关编码：2234
产品代码：20034
（35）产品编码：200035
名称：白酒（35度）十年醇香
规格：12 瓶×500ml
单位：箱
税种代码：1010102011
是否含税：否
税率：17%
含税价：102.96 美元

不含税价格：88 美元

海关编码：2235

产品代码：20035

（36）产品编码：200036

名称：白酒（35 度）六年醇香

规格：12 瓶×500ml

单位：箱

税种代码：1010102011

是否含税：否

税率：17%

含税价：91.26 美元

不含税价格：78 美元

海关编码：2236

产品代码：20036

（37）产品编码：200037

名称：白酒（35 度）五年醇香

规格：12 瓶×500ml

单位：箱

税种代码：1010102011

是否含税：否

税率：17%

含税价：58.5 美元

不含税价格：50 美元

海关编码：2237

产品代码：20037

（38）产品编码：200038

名称：加工保健酒

规格：12 瓶×350ml

单位：箱

税种代码：1010420000

是否含税：否

税率：10%

含税价：64.35 美元

不含税价格：58.50 美元

海关编码：2238

产品代码：20038

（39）产品编码：200039
名称：加工粮食酒
单位：箱
税种代码：1010420000
是否含税：否
税率：10%
含税价：43.5元
不含税价格：36.2元
海关编码：2239
产品代码：20039

（40）产品编码：200040
名称：神舟牌电脑
规格：S-1012
单位：台
税种代码：1012380541
是否含税：否
税率：17%
含税价：5265元
不含税价格：4500元
海关编码：2240
产品代码：20040

（41）产品编码：200041
名称：包装纸箱
规格：M-1200型
单位：个
税种代码：1010105200
是否含税：——
税率：17%
含税价：——
不含税价格：——
海关编码：2241
产品代码：20041

（42）产品编码：300001
名称：春香普通啤酒
规格：12瓶×500ml
单位：箱

税种代码：2010105011

是否含税：否

税率：17%

含税价：42.12元

不含税价格：36.00元

海关编码：2201

产品代码：30001

(43) 产品编码：300002

名称：啤酒花

规格：—

单位：吨

税种代码：2010105012

是否含税：—

税率：17%

含税价：421.2

不含税价格：360

海关编码：2241

产品代码：30002

（四）供应商资料

（1）公司名称：广州飞翔机械制造厂

纳税人识别码：548754123654210

公司类型：小规模纳税人

地址：广州市白云北路652号

电话：020－85120236

开户银行：中国建设银行白云北路支行

开户账号：8521023012645695781

（2）公司名称：广州市盛众纸箱厂

纳税人识别码：545213548745627

公司类型：小规模纳税人

地址：广州市云浮南路202号

电话：020－56210234

开户银行：广州市工行云浮南路支行

开户账号：5621023478952102364

（3）公司名称：广州市绿康农产品贸易有限公司

纳税人识别码：854213201256323

公司类型：小规模纳税人
地址：广州市越秀区大新北路100号
电话：020-54123620
开户银行：中国工商银行大新北路支行
开户账号：6320145623014798523

（4）公司名称：广州市番禺区自来水公司
纳税人识别码：412563214587403
公司类型：一般纳税人
地址：广州市番禺区爱和南路576号
电话：020-85423128
开户银行：中国工商银行番禺区爱和南路支行
开户账号：6541235895410321689

（5）公司名称：广州市恒宇贸易有限公司
纳税人识别码：102354621026851
公司类型：一般纳税人
地址：广州市永康路235号
电话：020-80123651
开户银行：中国工商银行永康路支行
开户账号：2365897456210236854

（6）公司名称：广州同辉玻璃厂
纳税人识别码：547852145632156
公司类型：小规模纳税人
地址：广州市石岗路563号
电话：020-45896542
开户银行：中国建设银行天河分行
开户账号：8956412364589512300

（7）公司名称：广东省荣达汽车贸易有限公司
纳税人识别码：632028745662014
公司类型：小规模纳税人
地址：广州市芳村区芳村大道205号
电话：020-36220854
开户银行：中国工商银行芳村大道支行
开户账号：6325598741000256118

（8）公司名称：广州银税公司
纳税人识别码：738203763926431
公司类型：一般纳税人

地址：广州市白云路 302 号

电话：020 - 32024629

开户银行：中国工商银行广州白云路支行

开户账号：3028671903629103812

（9）公司名称：山西云瑶葡萄酒有限公司

纳税人识别码：895412302155326

公司类型：小规模纳税人

地址：山西临汾贡宾街 601 号

电话：0350 - 6521321

开户银行：中国农业银行贡宾街办事处

开户账号：8520145632178956327

（10）公司名称：广州市番禺区供电局

纳税人识别码：521456328754103

公司类型：一般纳税人

地址：广州市番禺区爱群大道东 601 号

电话：020 - 73201201

开户银行：中国工商银行番禺区爱群大道支行

开户账号：6541258932014789521

（11）公司名称：广州市番禺区蓝天电脑科技有限公司

纳税人识别码：623632087941201

公司类型：小规模纳税人

地址：广州市番禺区清河东路 201 号

电话：020 - 65232059

开户银行：中国工商银行番禺区清河东路支行

开户账号：562002369521028574

（12）公司名称：广州市致玲科技有限公司

纳税人识别码：321458652146025

公司类型：小规模纳税人

地址：广州市珠江西路 782 号

电话：020 - 97212391

开户银行：中国工商银行广州珠江西路支行

开户账号：7302614863139048866

（13）公司名称：广州市天宁设备销售有限公司

纳税人识别码：632014589654126

公司类型：小规模纳税人

地址：广州市天河区广州大道 102 号

电话：020 - 65203598

开户银行：广州市天河区广州大道 102 号

开户账号：3625011023569874542

（14）公司名称：广州市云浮国家税务局

纳税人识别码：62365214WJ56321

公司类型：一般纳税人

地址：广州市云浮南路 202 号

电话：020 - 56210234

开户银行：广州市工行云浮南路支行

开户账号：5621023478952102364

（15）公司名称：广州市从化区美凤贸易有限公司

纳税人识别码：654210023578950

公司类型：一般纳税人

地址：广州市从化区天城 15 号

电话：020 - 35412654

开户银行：中国工商银行从化区天城路支行

开户账号：9854123012654126874

（16）公司名称：佛山市隆利达贸易公司

纳税人识别码：102354621026854

公司类型：一般纳税人

地址：佛山市蓝石镇水景路 68 号

电话：0757 - 83130838

开户银行：中国工商银行佛山蓝石镇支行

开户账号：3562148975102654129

（17）公司名称：广州市瑞利酒业有限公司

纳税人识别码：215654789541236

公司类型：一般纳税人

地址：广州市文德西路 66 号

电话：020 - 79852031

开户银行：中国工商银行文德西路支行

开户账号：3256987412125698	72

（18）公司名称：河源粮食供应集团

纳税人识别码：510823195210183274

公司类型：小规模纳税人

地址：广州市河源北路 252 号

电话：020 - 85120119

开户银行：中国建设银行河源北路支行
开户账号：8521023012645675781

(19) 广州市瑞利酒业有限公司
纳税人识别码：569421023587413
公司类型：一般纳税人
地址：广州市小北路46号
电话：020-60852032
开户银行：中国工商银行小北路支行
开户账号：3256983182212569872

(20) 供应商名称：阮小亮
身份证号：4402256325965231

(21) 供应商名称：张俊
身份证号：44085236521023654

(22) 供应商名称：温学阳
身份证号：4401163526954125632

(23) 供应商名称：童小凤
身份证号：4408852362022563

(24) 供应商名称：赵晓慧
身份证号：341056210325841236

(25) 供应商名称：杜娟
身份证号：341202541652104895

(26) 供应商名称：邵勇强
身份证号：46521032589412036

(27) 供应商名称：林展
身份证号：3654120125895412

(28) 供应商名称：钱爱国
身份证号：341025698741253601

（五）公司客户资料

客户资料如下：

(1) 公司名称：广东春香酒业股份有限公司
纳税人识别码：589562142025326
公司类型：一般纳税人
地址：广州市番禺区环城中路566号
电话：020-85466236
开户银行：中国工商银行广州市番禺区支行

开户账号：2562147865498219543

（2）公司名称：广州甘宝矿泉水有限公司

纳税人识别码：602387459666620

公司类型：小规模纳税人

地址：广州市白云区永平镇人民大道 21 号

电话：020-83467851

开户银行：中国工商银行白云区支行

开户账号：6562177865498319543

（3）公司名称：广州市电力集团

纳税人识别码：854632154789516

公司类型：一般纳税人

地址：广州市天河区康阳路 552 号

电话：020-75412035

开户银行：中国工商银行天河区康阳路支行

开户账号：5412321054216875621

（4）公司名称：广州星星酒家集团

纳税人识别码：123562014895162

公司类型：一般纳税人

地址：广州邯郸路 660 号

电话：020-84239573

开户银行：中国工商银行邯郸支行

开户账号：8951023104563218956

（5）公司名称：广州市泉山酒业有限公司

纳税人识别码：623514789521023

公司类型：一般纳税人

地址：广州市国兴东路 568 号

电话：020-54213689

开户银行：中行国兴东路支行

开户账号：8546214789563214562

（6）公司名称：广州鹭友贸易有限公司

纳税人识别码：895641230125741

公司类型：小规模纳税人

地址：广州市番禺区和平东路 854 号

电话：020-84236517

开户银行：中国工商银行番禺和平东路支行

开户账号：6541230145875412369

（7）公司名称：广东和顺酒类贸易公司
纳税人识别码：745123689541209
公司类型：小规模纳税人
地址：广州市解放南路315号
电话：020-68941235
开户银行：中行解放南路支行
开户账号：6541238745129068713

（8）公司名称：广州市冬丽媛商行
纳税人识别码：325478954102365
公司类型：小规模纳税人
地址：广州市海珠区汾河北路
电话：020-65412087
开户银行：中国工商银行海珠汾河北路支行
开户账号：7541236852015963216

（9）公司名称：岳阳烟酒贸易有限公司
纳税人识别码：165230148512036
公司类型：小规模纳税人
地址：岳阳市洞庭路56号
电话：0730-5412638
开户银行：中国工商银行岳阳市洞庭支行
开户账号：8521023647896520156

（10）公司名称：广州市小牛羊火锅连锁店
纳税人识别码：421023689541236
公司类型：小规模纳税人
地址：广州市白云南路125号
电话：020-85421036
开户银行：中国建设银行白云南路支行
开户账号：9541230562147895632

（11）公司名称：广州市帝伯尔贸易有限公司
纳税人识别码：321569874562060
公司类型：一般纳税人
地址：广州增城区德顺西路103号
电话：020-89561023
开户银行：中国工商银行增城区支行
开户账号：256410301489563210

(12) 公司名称：广州市从化区美凤贸易有限公司
纳税人识别码：654210023578950
公司类型：一般纳税人
地址：广州市从化区天城路 156 号
电话：020 – 35412654
开户银行：中国工商银行从化区天城路支行
开户账号：9854123012654126874

(13) 公司名称：上海爱华超市广州分公司
纳税人识别码：654123012548974
公司类型：小规模纳税人
地址：广州市越秀区南亭南路 246 号
电话：020 – 65123014
开户银行：广州越秀区南亭路支行
开户账号：6512304897410235892

(14) 公司名称：福建桑乐源贸易有限公司
纳税人识别码：548796512364016
公司类型：小规模纳税人
地址：台江市福中区又得路 690 号
电话：0596 – 9541203
开户银行：中国工商银行台江市福中区支行
开户账号：1256987402365894103

(15) 公司名称：广州市柏琅贸易有限公司
纳税人识别码：754102369854102
公司类型：一般纳税人
地址：广州市白云区芸山大道 951 号
电话：020 – 54123068
开户银行：中国工商银行芸山大道支行
开户账号：4102365894120365895

(16) 公司名称：广州市憬梁酒业有限公司
纳税人识别码：754102365102365
公司类型：一般纳税人
地址：广州市海珠区沙河西路 560 号
电话：020 – 58962143
开户银行：中国工商银行海珠区沙河西路支行
开户账号：6320145897410254132

（17）公司名称：广州酒业协会
纳税人识别码：523620123021450
公司类型：一般纳税人
地址：广州市琶洲路29号
电话：020-69520365
开户银行：中国工商银行琶洲支行
开户账号：8569332710028654232

（18）公司名称：百惠超市华南事业部
纳税人识别码：537963246895342
公司类型：小规模纳税人
地址：广州市琶洲路29号
电话：020-53287921
开户银行：中国工商银行广州市天河北路支行
开户账号：3468635795246812901

（19）公司名称：佛山市隆利达贸易公司
纳税人识别码：123658987450561
公司类型：小规模纳税人
地址：佛山市蓝石镇水景路68号
电话：0757-83130838
开户银行：中国工商银行佛山蓝石镇支行
开户账号：3562148975102654129

（20）公司名称：广州市瑞利酒业有限公司
纳税人识别码：215654789541236
公司类型：一般纳税人
地址：广州市文德西路66号
电话：020-79852031
开户银行：中国工商银行文德西路支行
开户账号：325698741212569872

（21）公司名称：广州振忠烟酒副食品有限公司
纳税人识别码：247941832942930
公司类型：一般纳税人
地址：广州市白云区农业大道南39号
电话：020-63827321
开户银行：中国工商银行农业大道支行
开户账号：3620025987412563021

（22）公司名称：广州市火龙山酒业有限公司
纳税人识别码：365201149524514
公司类型：一般纳税人
地址：广州市东山区恩广路88号
电话：020-63215489
开户银行：中国工商银行恩广路支行
开户账号：6302001459563214584
（23）公司名称：台湾瑞氏酒业贸易有限公司
纳税人识别码：123658987478985
公司类型：小规模纳税人
地址：No. 12 Jianfong RD Taipei city Taiwan
电话：00886-04-2235689
开户银行：中国工商银行台湾分行
开户账号：9958748975102654129

（六）其他资料

1. 税务机关编码设置

（1）税务机关代码：362025981
税务机关名称：广州市番禺区国家税务局
（2）税务机关代码：623652142
税务机关名称：广州市云浮国家税务局
（3）税务机关代码：2541DJ252
税务机关名称：广州市海珠区国家税务局
（4）税务机关代码：362695981
税务机关名称：广州市越秀区国家税务局

2. 常用海关口岸编码设置

（1）口岸编码：3817
口岸名称：黄埔口岸
（2）口岸编码：4482
口岸名称：广州港东岸
（3）口岸编码：9787
口岸名称：番禺海关口岸
（4）口岸编码：8786
口岸名称：海珠港口
（5）口岸编码：1278
口岸名称：珠海海关口岸

3. 纳税申报初始化

初始化日期：2018-12-31

初始化月份：2018-11

（七）企业纳税申报初始化资料

企业纳税申报初始化资料如表12-2所示。

表12-2　　　　　　　　　　企业纳税申报初始化资料

	项目	栏次	一般货物及劳务本年累计	即征即退货物及劳务本年累计
销售税额	（一）按适用税率征税货物及劳务额	1		
	其中：应税货物销售额	2	72688421.00	
	应税劳务销售额	3	2310933.00	
	纳税检查调整的销售额	4		
	（二）简易征收办法征税货物销售额	5		
	其中：纳税检查调整的销售额	6		
	（三）免、抵、退办法出口货物销售额	7	20568357.00	—
	（四）免税货物及劳务销售额	8		—
	其中：免税货物销售额	9		—
	免税劳务销售额	10		—
	销项税额合计	11	12749890.18	
	进项税额合计	12	8654324.71	
	上期留抵税额	13	—	—
	进项税额转出	14		
	免抵退货物已退税额	15		
	按适用税率计算的检查应补税额	16		
	应抵扣税额合计	17	—	—
	实际抵扣税额	18		
	应纳税额	19		
	期末留抵税额（本月数）	20	—	—
	简易征收办法计算的应纳税额	21		
	简易办法计算的检查应补税额	22		
	应纳税额减征额	23		
	应纳税额合计	24		
	期初未缴税额本年累计数	25		
	实收出口专用缴款退税额	26		—
	已缴税额	27	4095565.47	
	1. 分次预缴税额	28	—	—

续表

项目	栏次	一般货物及劳务本年累计	即征即退货物及劳务本年累计
2. 出口专用缴费预缴税额	29	—	—
3. 本期缴纳上期应纳税额	30		
4. 本期缴纳欠缴税额	31		
期末未缴税额（初始本月数）	32		
其中：欠缴税额（>=0）	33	—	
本期应补（退）税额	34		
即征即退实际退税额	35	—	
期初未缴查补税额	36		—
本期入库查补税额	37		—
期末未缴查补税额	38		—

备注：广东春香酒业股份有限公司。

（八）公司报表资料

资产负债表资料如表12-3所示。

表12-3　　　　　　　　　　资产负债表

编制单位：广东春香酒业股份有限公司　　　年　月　日　　　　　　　单位：万元

资产	期末余额	期初余额	负债和股东权益	期末余额	期初余额
流动资产：			流动负债：		
货币资金	4708150		短期借款	510000	
交易性金融资产	0		交易性金融负债	0	
应收票据	0		应付票据	0	
应收账款	467650		应付账款	1930000	
预付款项	0		预收款项	0	
应收利息	0		应付职工薪酬	823000	
应收股利	0		应交税费	0	
其他应收款	173500		应付利息	0	
存货	975000		应付股利	222500	
一年内到期的非流动资产	0		其他应付款	38358	
其他流动资产	0		一年内到期的非流动负债	1000	
流动资产合计	6324300		其他流动负债	0	
非流动资产：			流动负债合计	3524858	
可供出售金融资产	0		非流动负债：		
持有至到期投资	68500		长期借款	3730000	

续表

资产	期末余额	期初余额	负债和股东权益	期末余额	期初余额
长期应收款	0		应付债券	930500	
长期股权投资	282119.5		长期应付款	0	
投资性房地产	0		专项应付款	0	
固定资产	7303000		预计负债	0	
在建工程	0		递延所得税负债	0	
工程物资	0		其他非流动负债	0	
固定资产清理	0		非流动负债合计	4660500	
生产性生物资产	0				
油气资产	0		股东权益:		
无形资产	200000		股本	4000000	
开发支出	0		资本公积	703629.5	
商誉	67500		减：库存股	0	
长期待摊费用	0		盈余公积	0	
递延所得税资产	0		未分配利润	1556432	
其他非流动资产	200000				
非流动资产合计：	8121119.5				
资产合计：	14445419.5		负债和股东权益合计	14445419.5	

利润表资料如表 12-4 所示。

表 12-4　　　　　　　　　　　　　利润表

编制单位：广东春香酒业股份有限公司　　　　　　年　月　　　　　　　　　　单位：万元

项目	行次	本年累计
一、营业收入	1	4505000
减：营业成本	2	2636000
营业税金及附加	3	685000
销售费用	4	271000
管理费用	5	161178
财务费用（收益以"-"号填列）	6	168500
资产减值损失	7	18922
加：公允价值变动收益（损失以"-"号填列）	8	0
投资收益（损失以"-"号填列）	9	17500
其中：对联营企业和合营企业的投资收益	10	0

续表

项目	行次	本年累计
二、营业利润（亏损以"－"号填列）	11	581900
加：营业外收入	12	58000
减：营业外支出	13	10202.5
三、利润总额（亏损以"－"号填列）	14	629697.5
减：所得税费用	15	196350
四、净利润（净亏损以"－"号填列）	16	433347.5
五、每股收益	17	—
其中：基本每股收益	18	—
稀释每股收益	19	—

（九）公司经济业务

20××年12月企业发生如下经济业务：

（1）12月1日—1，春香酒业股份有限公司销售货物给广州市电力集团，该公司给对方开具增值税专用发票。

广东增值税专用发票（记账联）

4600011265　　　　　开票日期：20××年12月1日　　　　　No：00352001

购货单位
名称：广州市电力集团
纳税人识别码：854632154789516
地址、电话：广州市天河区康阳路552号　020－85036522
开户银行及账号：中国工商银行天河区康阳路支行　5412321054216875621　　　　　单位：元

货物或应税劳务名称	规格型号	单位	数量	单价	金额	税率	税额
春香瓶装白酒（56度）	12瓶×500ml	箱	500	600.00	300000.00	17%	51000.00
春香纯生啤酒	24瓶×600ml	箱	800	50.00	40000.00	17%	6800.00
春香保健酒	24瓶×300ml	箱	360	480.00	172800.00	17%	29376.00
合计					512800.00	17%	87176.00
价税合计					599976.00		

价税合计人民币（大写）：伍拾玖万玖仟玖佰柒拾陆元整　　（小写）：¥599976.00

销货单位
名称：春香酒业股份有限公司
纳税人识别号：589562142025326
地址、电话：广州市番禺区环城中路566号　020－8546623
开户银行及账户：中国工商银行番禺支行　5621478654982195430
收款人：张云　复核：张飞燕　开票人：刘坤　销售单位：春香酒业股份有限公司

（2）12月1日—2，春香酒业股份有限公司收到广州同辉玻璃厂重开增值税专用发票——发票联和抵扣联。

广东增值税专用发票

（发票联、抵扣联）

4403256236　　　　　开票日期：20××年12月1日　　　　　No：00023605

购货单位

名称：春香酒业股份有限公司

纳税人识别码：589562142025326

地址、电话：广州市番禺区环城中路566号　020－8546623

开户银行及账号：中国工商银行番禺支行　5621478654982195430

货物或应税劳务名称	型号	单位	数量	单价	金额	税率	税额
玻璃酒瓶	24瓶×600ml	个	200000	0.20	40000.00	17%	6800.00
价税合计					46800.00		

税价合计（大写）：肆万陆仟捌佰元整（小写）￥46800.00

销货单位

名称：广州市同辉玻璃厂

纳税人识别码：547852145632156

地址、电话：广州市天河区元岗路203号　020－36021578

开户银行及账号：中国建设银行天河分行　65203984125603325

收款人：张爱爱　复核：宋禧　开票人：欧尼尔　销售单位：广州市同辉玻璃厂

（3）12月2日—1，春香酒业股份有限公司向广州市同辉玻璃厂购进玻璃酒瓶，收到对方开具的增值税专用发票——发票联和抵扣联。

广东增值税专用发票

（发票联、抵扣联）

4403256235　　　　　开票日期：20××年12月2日　　　　　No：00023606

购货单位

名称：春香酒业股份有限公司

纳税人识别码：589562142025326

地址、电话：广州市番禺区环城中路566号　020－8546623

开户银行及账号：中国工商银行番禺支行　5621478654982195430

货物或应税劳务名称	型号	单位	数量	单价	金额	税率	税额
玻璃酒瓶	600ml	个	300000	0.20	60000.00	17%	10200.00
价税合计					70200.00		

税价合计（大写）：柒万零贰佰元整（小写）￥70200.00

销货单位

名称：广州市同辉玻璃厂

纳税人识别码：547852145632156

地址、电话：广州市天河区元岗路203号　020－36021578

开户银行及账号：中国建设银行天河分行　65203984125603325

收款人：张爱爱　复核：宋禧　开票人：欧尼尔　销售单位：广州市同辉玻璃厂

(4) 12月3日—1，春香酒业股份有限公司购进生产机器，收到对方开具的增值税专用发票——发票联和抵扣联。

广东增值税专用发票
（发票联、抵扣联）

6320123387　　　　　　　开票日期：20××年12月3日　　　　　　No：00520163

购货单位
名称：春香酒业股份有限公司
纳税人识别码：589562142025326
地址、电话：广州市番禺区环城中路566号　020-8546623
开户银行及账号：中国工商银行番禺支行　5621478654982195430

货物或应税劳务名称	型号	单位	数量	单价	金额	税率	税额
新型啤酒生产机器	X86-Z	台	6	200000.00	1200000.00	17%	204000.00
价税合计					1404000.00		

税价合计（大写）：壹佰肆拾万肆仟元整　（小写）￥1404000.00

销货单位
名称：广州飞翔机械制造厂
纳税人识别码：548754123654210
地址、电话：广州市白云北路652号　020-85120236
开户银行及账号：中国建设银行白云北路支行　8521023012645695781
收款人：熊黛林　复核：周洁　开票人：李云　销售单位：广州市同辉玻璃厂

(5) 12月3日—2，春香酒业股份有限公司向童小凤购买谷子，收到对方开具的收购统一发票——记账联和抵扣联。

广东省收购统一发票
（记账联、抵扣联）

440109143121　　　　　开票日期：20××年12月3日填发　　　　　No：00010234

销售单位（人）：童小凤
地址：广东省惠州市渔阳县石田镇621号

品名规格	单位	数量		单价	金额
		计划	实收		
谷子	吨	70	70	800.00	56000.00
合计					56000.00
贷款合计人民币（大写）	伍万陆仟元整				
收款人身份证号码：	童小凤 4408852362022563				
合计人民币（大写）	伍万陆仟元整				

(6) 12月3日—4，向张俊购买谷子，收到收购统一发票——记账联和抵扣联。

广东省收购统一发票

（记账联、抵扣联）

440109143122　　　　　开票日期：20××年12月3日填发　　　　　No：0C010228

销售单位（人）：张俊

地址：广东省惠州市渔阳县石田镇540号

品名规格	单位	数量		单价	金额
		计划	实收		
谷子	吨	66	66	820.00	54120.00
合计					54120.00
贷款合计人民币（大写）	伍万肆仟壹佰贰拾元整				
收款人身份证号码：	张俊 44085236521023654				
合计人民币（大写）	伍万肆仟壹佰贰拾元整				

填票人：方易　　收款人：张俊　　业户名称：春香酒业股份有限公司

（7）12月3日—6，春香酒业股份有限公司工会领用农产品，开具内部专设凭证。

春香酒业股份有限公司内部专设（销售）凭证

No：63002588

使用部门：公司工会20××年12月3日

名称	单位	数量	单价	金额	税率	税额
香蕉	吨	7	2500	17500	13%	2275
菠萝	吨	3	4300	12900	13%	1677
合计				30400.00		3952
价税合计				34352.00		
价税合计（大写）	叁万肆仟叁佰伍拾贰元整				小写	￥34352.00

总经理：马志杰　　财务经理：张飞燕　　意见：同意

部门主管：柯小军　　送货人：卢亮　　收货人：郭冰冰　　制单人：巴田

（8）12月3日—7，公司工会领用农产品，开具增值税转出报告单。

增值税转出报告单

企业名称：春香酒业股份有限公司　　　　20××年12月3日

增值税转出所属材料	转出材料金额	转出增值税金额	转出原因	处理意见
香蕉	17500.00	2275.00	公司工会领用	视同销售
菠萝	12900.00	1677.00	公司工会领用	视同销售
合计	30400.00	3952.00		

会计主管：张飞燕　　保管员：范华　　制单人：巴田

（9）12月4日—1，春香酒业股份有限公司向广州市盛众纸箱厂购进纸箱（小规模纳税人可以通过税务机关代开增值税专用发票），收到税局代开增值税专用发票——发票联和抵扣联。

广东增值税专用发票
（发票联、抵扣联）

4401091432　　　　开票日期：20××年12月4日　　　　No：00389242

购货单位
名称：春香酒业股份有限公司
纳税人识别号：589562142025326
地址、电话：广州市番禺区环城中路566号　020－8546623
开户银行及账户：中国工商银行番禺支行　5621478654982195430

货物名称	型号	单位	数量	单价	金额	税率	税额
纸箱	L－1010	个	300000	1.20	360000.00	3%	10800.00
纸箱	M－1011	个	350000	0.80	280000.00	3%	8400.00
纸箱	S－1012	个	300000	0.40	120000.00	3%	3600.00
合计					760000.00		22800.00
价税合计					782800000		

价税合计人民币（大写）柒拾捌万贰仟捌佰元整　　（小写）¥782800.00

销售单位：562365 广州市云浮国家税务局
纳税人识别号：62365214WJ56321
地址、电话：广州市云浮南路202号　020－56210234
开户银行及账户：广州市工行云浮南路支行　5621023478952102364
备注
销货方：广州市盛众纸箱厂
纳税人识别码：545213548745627
收款人：罗镯剑　开票人：赵伟　销售单位：广州市盛众纸箱厂

（10）12月4日—2，购进机动车，收到机动车销售统一发票。

机动车销售统一发票
（发票联）

480791432　　　　20××年12月4日　　　　No：00670826

购货单位：春香酒业股份有限公司组织　机构代码：3620114895－1

车辆类型	RD8005 小轿车	产地	广州
合格证号	H6952103－52	车票号码	H2569320××74125
数量	1辆	单价（元）	¥290000.00
金额	¥290000.00	税额	¥49300.00
税价合计（小写）			¥339300.00

税价合计人民币（大写）叁拾叁万玖仟叁佰元整

销货单位：广东省荣达汽车贸易有限公司　地址：广州市芳村区芳村大道205号
纳税人识别码：632028745662014　电话：020－36220854
开户银行：中国工商银行芳村大道支行账号：63255987410002568
购货单位章：春香酒业股份有限公司
开票人：康而寿　收款人：苏妙婵

（11）12月5日—2，春香酒业股份有限公司购进银税机，收到增值税专用发票——发票联和抵扣联。

广东增值税专用发票

（发票联、抵扣联）

4807924312　　　　　　开票日期：20××年12月5日　　　　　　No：0035790

购货单位
名称：春香酒业股份有限公司
纳税人识别码：589562142025326
地址、电话：广州市番禺区环城中路566号　020-8546623
开户银行及账号：中国工商银行番禺支行　5621478654982195430

货物或应税劳务名称	单位	数量	单价	金额	税率	税额
银税机	台	1	5600	5600.00	17%	952.00
价税合计				6552.00		

税价合计（大写）：陆仟伍佰伍拾贰元整　（小写）￥6552.00

销货单位
名称：广州银税公司
纳税人识别码：738203763926432
地址、电话：广州市白云路302号　020-32024629
开户银行及账号：中国工商银行广州白云路支行　302867190362910381
收款人：康祈祖　复核：陈三妹　开票人：冼展崔　销售单位：广州银税公司

（12）12月9日—1，销售货物，开错增值税专用发票，作废。

广东增值税专用发票（作废）

（发票联、抵扣联）

4600011265　　　　　　开票日期：20××年12月9日　　　　　　No：00352002

购货单位
名称：广州星星酒家集团
纳税人识别码：123562014895162
地址、电话：广州邯郸路660号　020-84239573
开户银行及账号：中国工商银行邯郸支行　8951023104563218956

货物名称	型号	单位	数量	单价	金额	税率	税额
春香瓶装白酒（45度）	12瓶×500ml	箱	400	500	200000	17%	34000
春香纯生啤酒	24瓶×600ml	箱	2800	50	140000	17%	23800
春香普通啤酒	24瓶×600ml	箱	3000	36	108000	17%	18360
春香料酒	12瓶×500ml	箱	150	156	23400	17%	3978
春香保健酒	24瓶×280ml	箱	600	480	288000	17%	48960
春香米酒	24瓶×500ml	箱	300	192	57600	17%	9792
合计					817000		138890
价税合计					955890		

价税合计人民币（大写）：玖拾伍万伍仟捌佰玖拾元整　（小写）：￥955890.00

销货单位
名称：春香酒业股份有限公司
纳税人识别号：589562142025326
地址、电话：广州市番禺区环城中路566号　020-8546623
开户银行及账户：中国工商银行番禺支行　5621478654982195430
收款人：张云　复核：张飞燕　开票人：刘坤　销售单位：春香酒业股份有限公司

（13）12月9日—2，销售酒精，开具增值税专用发票。

广东增值税专用发票
（记账联）

4600011265　　　　　开票日期：20××年12月9日　　　　　No：00352003

购货单位
名称：广州市泉山酒业有限公司
纳税人识别码：623514789521023
地址、电话：广州市国兴东路568号　020－54213682
开户银行及账号：中行国兴东路支行　8546214789563214562

货物名称	单位	数量	单价	金额	税率	税额
酒精	吨	200	1000.00	200000.00	17%	34000.00
价税合计				234000.00		

价税合计人民币（大写）：贰拾叁万肆仟元整　（小写）：￥234000.00

销货单位
名称：春香酒业股份有限公司
纳税人识别号：589562142025326
地址、电话：广州市番禺区环城中路566号　020－8546623
开户银行及账户：中国工商银行番禺支行　5621478654982195430
收款人：张云　复核：张飞燕　开票人：刘坤　销售单位：春香酒业股份有限公司

（14）12月17日—1，销售设备，开具增值税普通发票。

广东省增值税普通发票
（记账联）

5632002145　　　　　开票日期：20××年12月17日　　　　　No：00251364

购货单位
名称：广州市瑞利酒业有限公司
纳税人识别码：215654789541236
地址、电话：广州市文德西路666号　020－79852031
开户银行及账号：中国工商银行文德西路支行　325698741212569872

货物名称	单位	数量	单价	金额	税率	税额
2005年购进的旧生料酿酒设备	台	1	192500.00	192500.00	4%	7700.00
价税合计				200200.00		

价税合计人民币（大写）：贰拾万零贰佰　（小写）：￥200200.00

销货单位
名称：春香酒业股份有限公司
纳税人识别号：589562142025326
地址、电话：广州市番禺区环城中路566号　020－8546623
开户银行及账户：中国工商银行番禺支行　5621478654982195430
收款人：张云　复核：张飞燕　开票人：刘坤　销售单位：春香酒业股份有限公司

（15）12月17日—1，提供购买设备增值税专用发票复印件。

（16）12月22日—2，销售货物，开具增值税专用发票。

广东增值税专用发票

(记账联)

4600011265　　　　　　开票日期：20××年12月22日　　　　　　No：003520××

购货单位
名称：上海爱华超市广州分公司
纳税人识别码：654123012548974
地址、电话：广州市越秀区南亭南路246号　020-65123014
开户银行及账号：广州越秀区南亭路支行　6512304897410235892

货物名称	型号	单位	数量	单价	金额	税率	税额
春香瓶装白酒（38度）	12瓶×500ml	箱	1200	450	540000	17%	91800
春香纯生啤酒	24瓶×600ml	箱	5000	50	250000	17%	42500
春香米酒	24瓶×500ml	箱	600	192	115200	17%	19584
合计					905200		153884
价税合计					1059084		

价税合计人民币（大写）：壹佰零伍万玖仟零捌拾肆元整　（小写）：￥1059084.00

销货单位
名称：春香酒业股份有限公司
纳税人识别号：589562142025326
地址、电话：广州市番禺区环城中路566号　020-8546623
开户银行及账户：中国工商银行番禺支行　5621478654982195430
收款人：张云　复核：张飞燕　开票人：刘坤　销售单位：春香酒业股份有限公司

（17）12月24日—1，公司工会领取，开具内部专设凭证。

春香酒业股份有限公司内部专设（销售）凭证

No：63002590

使用部门：公司工会　20××年12月24日

货物名称	型号	单位	数量	单价	金额	税率	税额
春香瓶装白酒（56度）	12瓶×500ml	箱	100	600	60000	17%	10200
春香普通啤酒	24瓶×600ml	箱	1500	36	54000	17%	9180
合计					114000		19380
价税合计					133380		

价税合计人民币（大写）：壹拾叁万叁仟叁佰捌拾元整　（小写）：￥133380.00

总经理：马志杰　财务经理：张飞燕　意见：同意
部门主管：柯小军　送货人：卢亮　收货人：郭冰冰　制单人：巴田

（18）12月26日—1，以物易物，开具增值税专用发票。

广东增值税专用发票
（记账联）

4600011261　　　　开票日期：20××年12月26日　　　　No：00352010

购货单位
名称：佛山市隆利达贸易公司
纳税人识别号：123658987450561
地址、电话：佛山市蓝石镇水景路68号　0757-83130838
开户银行及账号：中国工商银行佛山蓝石镇支行　3562148975102654129

货物名称	单位	数量	单价	金额	税率	税额
春香瓶装白酒（38度）	箱	700	450	315000	17%	53550
价税合计				368550		

价税合计人民币（大写）：叁拾陆万捌仟伍佰伍拾元整　　（小写）：￥368550.00

销货单位
名称：春香酒业股份有限公司
纳税人识别号：589562142025326
地址、电话：广州市番禺区环城中路566号　020-8546623
开户银行及账户：中国工商银行番禺支行　5621478654982195430
收款人：张云　复核：张飞燕　开票人：刘坤　销售单位：春香酒业股份有限公司

（19）12月26日—1，以物易物，收取增值税普通发票——发票联。

广东省增值税普通发票
（发票联）

4401094132　　　　开票日期：20××年12月26日　　　　No：00056086

购货单位
名称：春香酒业股份有限公司
纳税人识别号：123658987450561
地址、电话：广州市番禺区环城中路566号　020-8546623
开户银行及账号：中国工商银行番禺支行　5621478654982195430

货物名称	单位	数量	单价	金额	税率	税额
600ml 酒瓶	个	630000	0.5	315000	17%	53550
价税合计				368550		

价税合计人民币（大写）：叁拾陆万捌仟伍佰伍拾元整　　（小写）：￥368550.00

销货单位
名称：佛山市隆利达贸易公司
纳税人识别号：102354621026854
地址、电话：佛山市蓝石镇水景路68号　0757-83130838
开户行或账号：中国工商银行佛山蓝石镇支行　3562148975102654129
收款人：贺峰　复核：余克珊　开票人：黄小花　销售单位：佛山市隆利达贸易公司

（20）12月26日—2，销售货物，开具增值税专用发票。

广东增值税专用发票

(记账联)

4600011265　　　　　　　开票日期：20××年12月26日　　　　　　No：00352011

购货单位
名称：广州振忠烟酒副食品有限公司
纳税人识别码：247941832942930
地址、电话：广州市白云区农业大道南39号　020-63827321
开户银行及账号：中国工商银行农业大道支行　3620025987412563021

货物名称	型号	单位	数量	单价	金额	税率	税额
春香普通啤酒	24瓶×600ml	箱	9000	36	324000	17%	55080
春香米酒	24瓶×500ml	箱	6000	192	1152000	17%	195840
折扣（15%）					-221400	17%	-37638
合计					1254600		213282
价税合计					1467882		

价税合计人民币（大写）：壹佰肆拾陆万柒仟捌佰捌拾贰元整　　（小写）：¥1467882.00

销货单位
名称：春香酒业股份有限公司
纳税人识别号：589562142025326
地址、电话：广州市番禺区环城中路566号　020-8546623
开户银行及账户：中国工商银行番禺支行　5621478654982195430
收款人：张云　复核：张飞燕　开票人：刘坤　销售单位：春香酒业股份有限公司

（21）12月26日—3，加工货物，开具增值税普通发票。

广东省增值税普通发票

(记账联)

5632002145　　　　　　　开票日期：20××年12月26日　　　　　　No：00251365

购货单位
名称：广州市火龙山酒业有限公司
纳税人识别码：365201149524514
地址、电话：广州市东山区恩广路88号　020-63215489
开户银行及账号：中国工商银行恩广路支行　6302001459563214584

货物或应税劳务名称	单位	数量	单价	金额	税率	税额
加工保健酒	吨	650	58.50	38025	17%	6464.25
加工粮食酒	吨	3600	36.20	130320	17%	22154.40
合计				168345		28618.65
价税合计				196963.65		

价税合计人民币（大写）：壹拾玖万陆仟玖佰陆拾叁元陆角伍分　　（小写）：¥196963.65

销货单位
名称：春香酒业股份有限公司
纳税人识别号：589562142025326
地址、电话：广州市番禺区环城中路566号　020-8546623
开户银行及账户：中国工商银行番禺支行　5621478654982195430
收款人：张云　复核：张飞燕　开票人：刘坤　销售单位：春香酒业股份有限公司

（22）12月26日—4，向赵晓慧购买谷子，收到收购统一发票——记账联和抵扣联。

广东省收购统一发票
（记账联、抵扣联）

4401063251　　开票日期：20××年12月26日填发　　No：00023601
销售单位（人）：赵晓慧
地址：广东省阳江市向阳东县喜口镇7组

品名规格	单位	数量		单价	金额
		计划	实收		
谷谷子	吨	68	68	860.00	58480.00
合计					58480.00
贷款合计人民币（大写）	伍万捌仟肆佰捌拾元整				
收款人身份证号码：	赵晓慧 341056210325841236				
合计人民币（大写）	伍万捌仟肆佰捌拾元整				

填票人：方易　收款人：赵晓慧　业户名称：春香酒业股份有限公司

（23）12月28日—1，销售纯生啤酒，开具增值税专用发票。

广东增值税专用发票
（记账联）

4600011265　　开票日期：20××年12月28日　　No：00352013
购货单位
名称：广州星星酒家集团
纳税人识别码：123562014895162
地址、电话：广州邯郸路660号　020-84239573
开户银行及账号：中国工商银行邯郸支行　8951023104563218956

货物或应税劳务名称	单位	数量	单价	金额	税率	税额
春香纯生啤酒	箱	1000	52.80	￥52800.00	17%	￥8976.00
价税合计				￥61776.00		

价税合计人民币（大写）：陆万壹仟柒佰柒拾陆元整　（小写）：￥61776.00

销货单位
名称：春香酒业股份有限公司
纳税人识别号：589562142025326
地址、电话：广州市番禺区环城中路566号　020-8546623
开户银行及账户：中国工商银行番禺支行　5621478654982195430
收款人：张云　复核：张飞燕　开票人：刘坤　销售单位：春香酒业股份有限公司

（24）12月29日—1，销售货物，开具增值税专用发票。

广东增值税专用发票

(记账联)

4600011265　　　开票日期：20××年12月29日　　　No：00352016

购货单位
名称：湖南省岳阳烟酒贸易有限公司
纳税人识别码：165230148512036
地址、电话：湖南省岳阳市洞庭路56号　0730-54126308
开户银行及账号：中国工商银行湖南省岳阳市洞庭路支行　8521023647896520157

货物名称	型号	单位	数量	单价	金额	税率	税额
春香瓶装白酒（56度）	12瓶×500ml	箱	1800	600.00	1080000.00	17%	183600.00
春香米酒	24瓶×500ml	箱	900	192.00	172800.00	17%	29376.00
合计					¥1252800.00		¥212976.00
价税合计					¥1465776.00		

价税合计人民币（大写）：壹佰肆拾陆万伍仟柒佰柒拾陆元整　（小写）：¥1465776.00

销货单位
名称：春香酒业股份有限公司
纳税人识别号：589562142025326
地址、电话：广州市番禺区环城中路566号　020-8546623
开户银行及账户：中国工商银行番禺支行　5621478654982195430
收款人：张云　复核：张飞燕　开票人：刘坤　销售单位：春香酒业股份有限公司

二、森森汽车制造有限公司

（一）企业概况

森森汽车制造有限公司属一般纳税人，自行申报纳税。企业出口货物采用"免、抵、退"办法。

法定代表人：王朝

纳税人识别号：388126329589123

地址及电话：广州市越秀区梅花街青松路369号　020-89060006

开户银行及账号：中国工商银行广州市越秀区支行　6900100000005691001

摩托车出口退税率为13%，小轿车出口退税率为17%

企业登记注册类型：有限责任公司

所属行业：制造业

所在地区：广州市

（二）该公司2016年1~11月缴税情况明细如下：

企业1~11月应税销售额合计：150697323.76（元）。

企业1~11月应税货物销售额合计：150045021.20（元）。

企业1~11月应税劳务销售额合计：652302.56（元）。

企业1～11月出口货物销售额合计：102536542.80（元）。

企业1～11月销项税额合计：25618545.04（元）。

企业1～11月增值税进项税抵扣税额合计：34512247.84（元）。

企业1～11月增值税进项税转出合计：65202.80（元）。

企业1～11月增值税应纳税额合计：25256.00（元）。

企业1～11月固定资产（不含不动产）进项税额抵扣额合计5263218.72（元）。

企业1～11月未发生应按简易征收办法缴纳增值税的业务。

企业1～11月留抵税额合计：250000.00元 11月没有发生购销业务，也没有发生过缴纳增值税；企业1～11月应退增值税合计：8578500.00（元）

企业上年末未缴增值税税额为零。

（三）商品信息

商品信息如表12-5所示。

表12-5　　　　　　　　　　　　商品信息

商品名称	规格型号	不含税单价
森森Y3小轿车	1.0升	55000
森森Y6小轿车	1.3升	75000
森森Y7小轿车	2.0升	150000
森森Y8小轿车	2.5升	190000
森森Y9小轿车	3.0升	250000
森森YSL-168越野车	4.5升	350000
森森中轻型商用客车		600000
森森摩托车M125	125毫升	4000
森森摩托车M400	400毫升	8000

（四）客户信息

单位名称：广州市东昌汽车贸易有限公司

纳税人识别号：323265662912356

地址及电话：广州市广州大道南986号　020-89028006

开户银行及账号：中国工商银行广州大道南支行　1683332965233159002

单位名称：广州市精穗巴士有限公司

纳税人识别号：885206325698456

地址及电话：广州市白云区新港路362号　020-48523654

开户银行及账号：中国建设银行新港路分行　54689231569874562

单位名称：黄山市轻松自驾游有限公司
纳税人识别号：712261122919687
地址及电话：黄山市迎客路 123 号　0559 – 23208513
开户银行及账号：中国工商银行黄山市迎客路支行　4662832965233156802
单位名称：佛山市慧聪摩托车贸易有限公司
纳税人识别号：982172122912753
地址及电话：佛山市顺德区顺风路　0750 – 87901298
开户银行及账号：中国工商银行佛山市顺德区顺风路支行　3362832965233155893
单位名称：湖北黄冈市第一汽车客运有限公司
纳税人识别号：297172122919516
地址及电话：黄冈市开发区青年路 289 号　0713 – 58901226
开户银行及账号：中国工商银行黄冈市开发区支行　7152832965233155127
单位名称：广州市 365 旅游有限公司
纳税人识别号：551236589125225
地址及电话：广州市深南八路 989 号　0755 – 29016611
开户银行及账号：中国工商银行广州市深南路支行　6131832965233152981
单位名称：重联汽车制造有限公司
纳税人识别号：56985213654789
地址及电话：广州市荔湾区芳村大道 23 号　020 – 52632541
开户银行及账号：中国工商银行芳村大道支行　65236985012654865172
单位名称：合肥市中发汽车销售有限公司
纳税人识别号：591823658912862
地址及电话：合肥市建设路 1986 号　027 – 59620175
开户银行及账号：中国工商银行合肥市建设路支行　7131832965233152981
单位名称：山西宝山钢铁有限公司
纳税人识别号：5623841022559874
地址及电话：山西临汾市清辉路 302 号　027 – 36521402
开户银行及账号：中国工商银行清辉路支行　65982200111543654
单位名称：湖北黄冈市达利汽车贸易有限公司
纳税人识别号：951203561203675
地址及电话：湖北黄冈市永福路 33 号　0713 – 85102340
开户银行及账号：中国工商银行湖北黄冈市永福路支行　51023478102361056201
单位名称：广州市鼎胜贸易有限公司
纳税人识别号：440006788022100
地址及电话：广州市天河区文德路 11 号龙达大厦 1310 室　020 – 88776540
开户银行及账号：中国工商银行广州天河区文德西路支行　62245689324768943571

单位名称：广州市白云货运有限公司

纳税人识别号：540212304153512

地址及电话：广州市白云南路125号　020-26589546

开户银行及账号：中国工商银行白云南路支行　56430216852633262113

单位名称：公安局

纳税人识别号：381823658912862

地址及电话：广州市天河南一路12号　020-84449999

开户银行及账号：中国工商银行天河区支行　3185346666281329967

单位名称：广州市伯朗汽车销售有限公司

纳税人识别号：513823658912862

地址及电话：广州市大北路286号　020-89220310

开户银行及账号：中国工商银行广州市大北路支行　6921832965233157281

单位名称：广州市亚运会筹备委员会

纳税人识别号：580306005208002

地址及电话：广州市越秀区866号　020-36777918

开户银行及账号：中国工商银行越秀区支行　3602850206005080270

（五）公司经济业务

请根据以下经济业务开具增值税发票：

（1）2016.12.1 向广州市东昌汽车贸易有限公司销售森森Y3小轿车30辆，单价：55000.00元/辆，合计：1650000.00元，增值税税额：280500.00元；森森Y6小轿车20辆，单价：75000.00元/辆，合计：1500000.00元，增值税税额：255000.00元；商品已出库并开具增值税专用发票给对方。

备注：开具增值税专用发票。

（2）2016.12.2 向广州市第八轮胎有限公司购进轮胎20000个，单价：120.00元/个，合计：2400000.00元，增值税税额：408000元，材料已经验收入库，并收到增值税专用发票。

备注：收到增值税专用发票。

（3）2016.12.3 广州市精穗巴士有限公司送5辆大巴到公司进行维修，维修费单价2500元/辆，合计：12500.00元，税率：17%，税额为：2125.00元，并开具给对方增值税普通发票。

备注：开具增值税普通发票。

（4）2016.12.5 向安徽黄山市轻松自驾游有限公司销售森森中轻型商用车5辆，不含税单价：600000.00元/辆，总税额为：510000.00元，合计：3000000.00元；森森Y7小轿车3辆，不含税单价：150000.00元/辆，合计：450000.00元；合计总税额为：586500.00元，支付广州市联合物流有限公司运输费：20000.00元。

备注：开具增值税专用发票。

（5）2016.12.5 向广州市宏鑫五金有限公司购买汽车螺丝，#L1600-1，4 吨，单价：3000.00 元/吨，合计：12000.00 元；#L1600-3，6 吨，单价：3300.00 元/吨，合计：19800.00 元；#W5501-8，8 吨，单价：3500.00 元/吨，合计：28000.00 元；材料已经验收入库。

备注：收到增值税发票。

（6）2016.12.6 向东莞市多美涂化工有限公司购买"多美"牌油漆 300 桶，单价：550.00 元/桶，合计：165000.00 元，增值税税额：28050.00 元，材料已经验收入库。

备注：收到增值税发票。

（7）2016.12.7 向佛山市慧聪摩托车贸易有限公司销售森森摩托车 M125 型 35 辆，单价：3600.00 元/辆，合计：126000.00 元，增值税税额：21420.00 元。森森 Y8 小轿车：10 辆，单价：190000.00 元/辆，合计：1900000.00，增值税税额：323000.00 元。总金额为：2026000.00 元，总税额为 344420.00 元。

备注：开具增值税专用发票。

（8）2016.12.7 向日本三菱汽车有限公司购进#JAP2901 发动机 150 台，单价：800.00 美元/台；合计：120000 美元；#JAP#2903 发动机 400 台，单价：450 美元/台，合计：180000.00 美元；#JAP3502 发动机 300 台，单价：950 美元/台，合计：285000.00 美元；该批货物运抵我国海关前发生的包装费、运输费、保险费等共计 500 美元，材料已经验收入库。

备注：不需要开具增值税发票。

（9）2016.12.7 向广州市普利通汽车设备制造有限公司购进焊接设备 200 套，单价：20000.00 元/套，合计：4000000.00 元，增值税税额：680000.00 元；冲压设备 200 套，单价：35000.00 元/套，合计：7000000.00 元，增值税税额：1190000.00 元，总金额为 11000000.00 元，总税额为 1870000.00 元用于扩大生产。设备已经验收入库。

备注：收到增值税发票。

（10）2016.12.8 向湖北黄冈市第一汽车客运有限公司销售森森中轻型商用客车 10 辆，单价：600000.00 元/辆，合计：6000000.00 元，增值税税额：1020000.00 元。

备注：开具增值税专用发票。

（11）2016.12.9 向广州市环亚汽车玻璃有限公司购进隔热玻璃 1800 平方米，单价：800.00 元/平方米，合计：1440000.00 元，增值税税额：244800.00 元，隔音玻璃 3000 平方米，单价：950.00 元/平方米，合计：2850000.00 元，增值税税额：484500.00 元。材料已经验收入库。

备注：收到增值税发票。

（12）2016.12.10 向山西宝山钢铁有限公司购进不锈钢板 BS601 型 100 吨，单价：5300.00 元/吨，合计：530000.00 元，增值税税额：90100.00 元；BS605 型 500 吨，单价：4000.00 元/吨，合计：2000000.00 元，增值税税额：340000.00 元；材料已经验收入库。

备注：收到增值税发票。

（13）2016.12.11 公司将空闲的仓库无偿赠与中国减灾委员会，面积700平方米，经相关机构评估总市面价值为5600000.00元，并持受赠双方共同办理的："赠与合同公证书""房产所有权证"及《个人无偿赠与不动产登记表》办理免税手续。

备注：不用开增值税发票。

（14）2016.12.11 向广州市365旅游有限公司销售森森中轻型商用客车6辆，单价：600000.00元/辆，总合计：3600000.00元，增值税税额合计：612000.00元。

备注：开具增值税专用发票。

（15）2016.12.12 受重联汽车制造有限公司委托加工10辆重联卡车配件，材料成本为185200元/辆，加工费：5000.00元/辆，总金额合计：50000.00元，总税额为8500.00元。

备注：开具增值税专用发票。

（16）2016.12.12 向广州市森海蓝电脑科技有限公司购买10台"金锐Ⅱ"电脑，单价：3500.00元/台，合计：35000.00元，商品已经验收入库。

备注：收到增值税发票。

（17）2016.12.13 向湖北黄冈市开峰汽车配件有限公司购进标准配件一批，#2009-1型：15吨，单价3000.00元/吨，增值税税额：1350.00元；#2009-3型：25吨，单价2500.00元/吨，增值税税额：1875.00元；#2007-8型：35吨，单价：4000.00元/吨，增值税税额：4200.00元；#2008-3型：15吨，单价：3500.00元/吨，增值税税额：1575.00元。总金额为：300000.00元，总税额为：9000.00元，材料已经入库。

备注：收到增值税发票。

（18）上个月用水157159.39吨，单价：1.82元/吨，共支付水费：286030.09元（不含税），增值税税率：13%，税额为：37183.91元。上月已记入"应付账款"科目。

备注：收到增值税发票。

（19）2016.12.13 上个月用电258000千瓦时，单价：1.30元/千瓦时，支付电费：335400.00元（不含税），另外增值税税率为17%，税额为57018.00元。上月已记入"应付账款"科目。

备注：收到增值税发票。

（20）2016.12.14 向合肥市中发汽车销售有限公司销售森森Y3小轿车120辆，单价：55000.00元/辆，合计：6600000.00元，增值税税额：1122000.00元；森森Y7小轿车：30辆，单价：150000.00元/辆，合计：4500000.00元，增值税税额：765000.00元；森森YSL-168越野车：20辆，单价：350000.00元/辆，合计：7000000.00元，增值税税额：1190000.00元；森森摩托车M400：180辆，单价：8000.00元/辆，合计：1440000.00元，增值税税额：244800.00元。总金额为：19540000.00元，总税额为：3321800.00元，支付广州市联合物流有限公司运输费：26000.00元。

备注：开具增值税发票。

（21）2016.12.14 收到安徽黄山市轻松自驾游有限公司退货，森森中轻型商用车 1 辆。

备注：开具红字发票。

（22）2016.12.15 采取以物易物方式销售森森 Y6 小轿车，100 辆，单价：75000.00 元，合计：7500000.00 元，增值税额：1275000.00 元，购进山西宝山钢铁有限公司 BS-3 型钢板：1000 吨，7500 元/吨，合计：7500000.00 元，增值税额：1275000.00 元。材料已验收入库。

备注：开具增值税发票并且收到对方的增值税专用发票。

（23）2016.12.15 采用分期收款方式销售货物，首期支付 50% 的货款，第二次支付 25%，第三次支付 25%，按每次收到的货款开具增值税发票。向湖北黄冈市达利汽车贸易有限公司销售森森中轻型商用客车 30 辆，单价：600000.00 元/辆，合计：18000000.00 元，增值税额：3060000.00 元，支付广州市联合物流有限公司运输费：20000.00 元。

备注：开具增值税发票。

（24）2016.12.16 向广州市鼎胜贸易有限公司销售使用过的旧货车一部，取得销售收入（含税）83200 元。税额为 1600.00 元。旧货车为 2005 年 12 月买进，原值 120000.00 元，预计残值 20000 元，汽车使用年限均为 10 年，采用平均年限法计提折旧。

备注：开具增值税专用发票。

（25）2016.12.16 收到广州市白云货运有限公司送来的货车 5 辆进行维修，收取维修费 4500.00 元/辆，合计：22500.00 元，税率 17%，税额为 3825.00 元。

备注：开具增值税专用发票。

（26）2016.12.17 向土耳其麦思达贸易有限公司出口森森摩托车 M400：50 辆，单价：1500.00 美元/辆，合计：75000.00 美元；森森 Y6 小轿车：30 辆，单价：12000.00 美元/辆，合计：360000.00 美元；森森 Y8 小轿车：25 辆，单价：30000.00 美元/辆，合计：750000.00 美元，总销售额为：1185000.00 美元，换算成人民币：9871050.00 元（征税率：17%，摩托车的退税率：13%，小轿车的退税率：17%）。

备注：不需要开增值税发票。

（27）2016.12.18 向广州市环亚汽车玻璃有限公司购进防爆玻璃 10000 平方米，950 元/平方米，合计：9500000.00 元，增值税额：1615000.00 元，材料已验收入库。

备注：收到增值税发票。

（28）2016.12.19 向公安局赠送森森 Y9 小轿车：3 辆，单价：250000.00 元/辆，合计：750000.00 元，增值税额：127500.00 元；森森摩托车 M400：8 辆，单价：8000.00 元/辆，合计：64000.00 元，增值税额：10880.00 元；支付广州市联合物流有限公司运输费：10000.00 元。

备注：开具增值税专用发票。

（29）2016.12.20 向广州市伯朗汽车销售有限公司销售 Y9 小轿车：25 辆，单价：250000.00 元/辆，合计：6250000.00 元，增值税额：1062500.00 元，森森中轻型商用客车：10 辆，单价：600000.00 元/辆，合计：6000000.00 元，增值税额：1020000.00 元；由于个人因素，开错一张发票，作废，接着补开一张发票。

备注：开具增值税专用发票。

（30）2016.12.21 广州市环亚汽车玻璃有限公司隔音玻璃 50 平方米有质量问题，经协商退回单价：950.00 元/平方米，合计：47500.00 元，增值税额：8075.00 元。

备注：收到增值税发票。

（31）2016.12.22 公司评选"年度优秀员工奖"，决定把森森 Y9 小轿车 1 辆以奖励方式送给王储总经理。

备注：不用开具增值税发票。

（32）2016.12.23 两年前公司以一栋商品房抵押给银行，签订贷款抵押合同，取得贷款 700 万元（贷款期限 2 年，年利率 8%，贷款期间商品房已交给银行使用以抵利息，归还只还本金），本月贷款到期，该公司无力归还，银行将抵押商品房没收，双方核定该商品房价值为 850 万元，余款银行已支付给房地产开发公司，取得土地使用权支付 2500000 元，商品房造价 700 万元，已提折旧 100 万元，公允价值 600 万元。建造同样的商品房需要 8000000.00 元，该房子五成新。

备注：不用开具增值税发票。

（33）2016.12.25 收到代销产品入库，上海公用汽车制造有限公司"蓝天中轻型商用客车"10 辆，单价：4500000.00 元，总金额：45000000.00 元，增值税额：7650000.00 元，视同买断。

备注：收到增值税发票。

（34）2016.12.26 公司自主研发一辆新型 SZ6 环保型中轻型商用客车，外面无同类产品，产品成本是 350000.00 元，利润率 5%。经公司决定，将该车无偿赠送给广州市亚运会筹备委员会使用，开具增值税普通发票。该类型车经由财政部和国家税务总局会同国家机械工业局和国家环境保护总局进行审核认定，没有达到低污染排放限值。

备注：开具增值税专用发票。

（35）2016.12.28 公司把森森 Y7 小轿车 10 辆调往他一个独立核算的经营部，单价：150000.00 元/辆，合计：1500000.00 元，税率：17%，税额：255000.00 元。

备注：不用开具增值税发票。

（36）2016.12.30 公司盘点，发现隔音玻璃 3 平方米出现裂纹，单价：950.00 元，总金额：2850.00 元，总税额：484.5 元，经调查属于仓库管理员高鹤失职造成的，由仓库管理员高鹤赔偿。

备注：不用开具增值税发票。

（37）2016.12.31 计提本月应退的增值税。

备注：不用开具增值税发票。

第二节　小规模纳税人实验案例

一、足力健鞋业有限公司

1. 企业信息登记

公司资料设置如下：

纳税人识别号：325140265412015　　　纳税人海关编号：1850036592
公司名称：广州市足力健鞋业有限公司　　电话：020-69231592
纳税人编码：010520125412　　　　　　网上报税密码：123456
法人名称：冉丽　　　　　　　　　　　　传真：020-69231592
注册地址：广州市黄埔区实干路1082号　　所属行业：制造业
营业地址：广州市黄埔区实干路1082号　　邮编：510320
注册类型：有限责任公司　　　　　　　　主管税务机关代码：13695842
增值税纳税类型：非商业类增值税小规模纳税人
主管税务机关名称：黄浦区国家税务局实干路分局
纳税优惠：无　　　　　　　　　　　　　监控标志：省局重点税源户
开户银行：中国工商银行广州市黄埔区支行　信用度：A
开户账号：2790122380112236902　　　　　财务负责人：龙祥
经济性质：有限责任公司　　　　　　　　所在省份：广东省

2. 税目管理资料

（1）税目编码：010602；税目名称：皮鞋；征税率：3%；计税单位：双。
（2）税目编码：011502；税目名称：电子计算机；征税率：2%；计税单位：台。

3. 初始化申报表

纳税申报初始化资料如表12-6所示。

表12-6　　　　　　　　　　　　纳税申报初始化资料

	项目	栏次	本年累计
一、计税依据	（一）应征增值税货物及劳务不含税销售额	1	
	其中：税务机关代开的增值税专用发票不含税销售额	2	
	税控器开具的普通发票不含税销售额	3	
	（二）销售使用过的应税固定资产不含税销售额	4	
	其中：税控器具开具的普通发票不含税销售额	5	

续表

	项目	栏次	本年累计
一、计税依据	（三）免税货物及劳务销售额	6	
	其中：税控器具开具的普通发票销售额	7	
	（四）出口免税货物销售额	8	
	其中：税控器具开具的普通发票销售额	9	
二、税款计算	本期应纳税额	10	
	本期应纳税额减征额	11	
	应纳税额合计	12 = 10 − 11	
	本期预缴税额	13	—
	本期应补（退）税额	14 = 12 − 13	—

4. 客户资料设置

公司名称：广州市奥化皮鞋有限公司　　　纳税人识别码：598652301245783
公司类型：一般纳税人　　　　　　　　　地址：广州市番禺区清河东路236号
电话：020 - 65234191　　　　　　　　　开户银行：中国工商银行番禺区清河东
开户账号：6322014586336871　　　　　　　　　　　路支行

公司名称：沈阳市伟源皮鞋有限公司　　　纳税人识别码：562366951405736
公司类型：一般纳税人　　　　　　　　　地址：沈阳市辽中县人民大道86号
电话：024 - 65236584　　　　　　　　　开户银行：中国工商银行辽中县人民大
开户账号：3620017895201874　　　　　　　　　　　道支行

公司名称：江西南昌市丽美鞋业有限公司　纳税人识别码：526321458965828
公司类型：一般纳税人　　　　　　　　　地址：江西省南昌市莲塘镇236号
电话：0791 - 65234582　　　　　　　　 开户银行：中国银行南昌莲塘分行
开户账号：2365412598745623

公司名称：广州蓝天废品回收公司　　　　纳税人识别码：230125968745636
公司类型：一般纳税人　　　　　　　　　地址：广州市天河区棠下路362号
电话：020 - 62354895　　　　　　　　　开户银行：花旗银行天河区棠下分行
开户账号：2365987459654125

公司名称：广州市加仑鞋业有限公司　　　纳税人识别码：236015965485336
公司类型：一般纳税人　　　　　　　　　地址：广州市白云区白云大道209号

电话：020-32654298　　　　　　　　开户银行：光大银行白云大道分行

开户账号：30265998420365412

5. 产品劳务资料

产品劳务资料设置如下：

产品编码：100001　　　　　　名称：黑色牛皮鞋　　　　　　规格：中码型

单位：双　　　　　　　　　　税种代码：010101　　　　　是否含税：是

税率：3%　　　　　　　　　　含税价：85.00元　　　　　　不含税价格：82.52元

海关编码：6402　　　　　　　产品代码：10001

产品编码：100002　　　　　　名称：棕色牛皮鞋　　　　　　规格：小码型

单位：双　　　　　　　　　　税种代码：010101　　　　　是否含税：是

税率：3%　　　　　　　　　　含税价：65.00元　　　　　　不含税价格：63.11元

海关编码：6403　　　　　　　产品代码：10002

产品编码：100003　　　　　　名称：羊皮鞋　　　　　　　　规格：大码型

单位：双　　　　　　　　　　税种代码：010101　　　　　是否含税：是

税率：3%　　　　　　　　　　含税价：220.00元　　　　　不含税价格：213.59元

海关编码：6404　　　　　　　产品代码：10003

产品编码：100004　　　　　　名称：电脑　　　　　　　　　规格：入门普及型

单位：台　　　　　　　　　　税种代码：010101　　　　　是否含税：是

税率：4%　　　　　　　　　　含税价：947.60元　　　　　不含税价格：920.00元

海关编码：8470　　　　　　　产品代码：10004

资产负债表资料如表12-7所示。

表12-7　　　　　　　　　　　　资产负债表

20××年11月30日

资产	年初数	负债和股东权益	年初数
流动资产：		流动负债：	
货币资金		短期借款	
交易性金融资产		交易性金融负债	
应收票据		应付票据	
应收账款		应付账款	
预付款项		预收款项	
应收利息		应付职工薪酬	
应收股利		应交税费	
其他应收款		应付利息	

续表

资产	年初数	负债和股东权益	年初数
存货		应付股利	
一年内到期的非流动资产		其他应付款	
其他流动资产		一年内到期的非流动负债	
流动资产合计		其他流动负债	
非流动资产：		流动负债合计	
可供出售金融资产		非流动负债：	
持有至到期投资		长期借款	
长期应收款		应付债券	
长期股权投资		长期应付款	
投资性房地产		专项应付款	
固定资产		预计负债	
在建工程		递延所得税负债	
工程物资		其他非流动负债	
固定资产清理		非流动负债合计	
生产性生物资产		负债合计	
油气资产		股东权益：	
无形资产		股本	
开发支出		资本公积	
商誉		减：库存股	
长期待摊费用		盈余公积	
递延所得税资产		未分配利润	
其他非流动资产			
非流动资产合计：		股东权益合计	
资产合计：		负债和股东权益合计	

利润表资料如表12-8所示。

表12-8　　　　　　　　　　利润表

20××年11月

项目	行次	本年累计
一、营业收入	1	
减：营业成本	2	
营业税金及附加	3	
销售费用	4	
管理费用	5	
财务费用（收益以"-"号填列）	6	
资产减值损失	7	
加：公允价值变动收益（损失以"-"号填列）	8	
投资收益（损失以"-"号填列）	9	
其中：对联营企业和合营企业的投资收益	10	

续表

项目	行次	本年累计
二、营业利润（亏损以"－"号填列）	11	
加：营业外收入	12	
减：营业外支出	13	
三、利润总额（亏损以"－"号填列）	14	
减：所得税费用	15	
四、净利润（净亏损以"－"号填列）	16	
五、每股收益	17	
其中：基本每股收益	18	
稀释每股收益	19	

销售发票如表12－9～表12－16所示。

表12－9　　　　　　　　　　发票（1）

发票凭证号	00362542	发票属性	代开增值税专用发票	√
购方名称	广州市奥化皮鞋有限公司		普通发票	
购方纳税识别号	598652301245783		不开票销售项目	
开票日期	20××年12月5日		货物　劳务	货物
录入日期	20××年12月5日		免税货物	
税率	3%	备注	销货方：广州市足力健鞋业有限公司 纳税人识别码：325140265412015	
所属期间	20××年12月			
金额	4150.49元			
税额	124.51元	合计份数	1	

表12－10　　　　　　　　　　发票（2）

发票凭证号	00362951	发票属性	代开增值税专用发票	√
购方名称	沈阳市伟源皮鞋有限公司		普通发票	
购方纳税识别号	562366951405736		不开票销售项目	
开票日期	20××年12月8日		货物　劳务	货物
录入日期	20××年12月8日		免税货物	
税率	3%	备注	销货方：广州市足力健鞋业有限公司 纳税人识别码：325140265412015	
所属期间	20××年12月			
金额	14805.83元			
税额	444.17元	合计份数	3	

表 12-11 发票（3）

发票凭证号	02365215	发票属性	代开增值税专用发票	
购方名称	李民		普通发票	
购方纳税识别号	440883256412523362		不开票销售项目	√
开票日期	20××年12月18日		货物　劳务	货物
录入日期	20××年12月18日		免税货物	
税率	3%	备注	价格按同类货物平均价格确定，该批货物因仓库员李强造成损失，责令其赔偿。	
所属期间	20××年12月			
金额	825.24 元			
税额	24.76 元	合计份数	2	

表 12-12 发票（4）

发票凭证号	00362952	发票属性	代开增值税专用发票	√
购方名称	广州市奥化皮鞋有限公司		普通发票	
购方纳税识别号	598652301245783		不开票销售项目	
开票日期	20××年12月27日		货物　劳务	货物
录入日期	20××年12月27日		免税货物	
税率	3%	备注	销货方：广州市足力健鞋业有限公司 纳税人识别码：325140265412015	
所属期间	20××年12月			
金额	-412.60 元			
税额	-12.38 元	合计份数	3	

表 12-13 发票（5）

发票凭证号	36529812	发票属性	代开增值税专用发票	
购方名称	江西南昌市丽美鞋业有限公司		普通发票	√
购方纳税识别号	526321458965828		不开票销售项目	
开票日期	20××年12月28日		货物　劳务	货物
录入日期	20××年12月28日		免税货物	
税率	3%	备注	开具商品销售统一发票	
所属期间	20××年12月			
金额	82524.27 元			
税额	2475.73 元	合计份数	3	

表 12-14　　　　　　　　　　　　　　　　发票（6）

发票凭证号	63254522	发票属性	代开增值税专用发票	
购方名称	广州蓝天废品回收公司		普通发票	√
购方纳税识别号	230125968745636		不开票销售项目	
开票日期	20××年12月29日		货物　劳务	货物
录入日期	20××年12月29日		免税货物	
税率	2%	备注	销售使用过的旧电脑开具商品销售统一发票	
所属期间	20××年12月			
金额	4600.00元			
税额	92.00元	合计份数	3	

表 12-15　　　　　　　　　　　　　　　　发票（7）

发票凭证号	02365216	发票属性	代开增值税专用发票	
购方名称	公司工会		普通发票	
购方纳税识别号	325140265412015		不开票销售项目	√
开票日期	20××年12月30日		货物　劳务	货物
录入日期	20××年12月30日		免税货物	
税率	3%	备注	价格按同类货物平均价格确定，该批货物用于职工福利	
所属期间	20××年12月			
金额	3155.50元			
税额	94.50元	合计份数	2	

表 12-16　　　　　　　　　　　　　　　　发票（8）

发票凭证号	30268452	发票属性	代开增值税专用发票	
购方名称	公司工会		普通发票	√
购方纳税识别号	236015965485336		不开票销售项目	
开票日期	20××年12月30日		货物　劳务	劳务
录入日期	20××年12月30日		免税货物	
税率	3%	备注	开具加工修理、修配统一发票	
所属期间	20××年12月			
金额	19417.48元			
税额	582.52元	合计份数	3	

6. 增值税申报

增值税纳税申报表如表 12 – 17 所示。

表 12 – 17　　　　　　增值税纳税申报表（适用小规模纳税人）

纳税人名称（公章）：广州市足力健鞋业有限公司　　　　　金额单位：元（列至角分）
税款所属期：20××年12月1日至20××年12月31日　　　填表日期：20××年1月7日

	项目	栏次	本期数	本年累计
一、计税依据	（一）应征增值税货物及劳务不含税销售额	1		
	其中：税务机关代开的增值税专用发票不含税销售额	2		
	税控器具开具的普通发票不含税销售额	3		
	（二）销售使用过的应税固定资产不含税销售额	4		
	其中：税控器具开具的普通发票不含税销售额	5		
	（三）免税货物及劳务销售额	6		
	其中：税控器具开具的普通发票销售额	7		
	（四）出口免税货物销售额	8		
	其中：税控器具开具的普通发票销售额	9		
二、税款计算	本期应纳税额	10		
	本期应纳税额减征额	11		
	应纳税额合计	12 = 10 – 11		
	本期预缴税额	13		—
	本期应补（退）税额	14 = 12 – 13		—
纳税人或代理人声明：此纳税申报表是根据国家税收法律的规定填报，我确定它是真实的、可靠的、完整的	如纳税人填报，由纳税人填写以下各栏：			
	办税人员（签章）：马韵　　　　　财务负责人（签章）：刘化			
	法定代表人（签章）：张熙莱　　　联系电话：020 – 63261688			
	如委托代理人填报，由代理人填写以下各栏：			
	代理人名称：　　　　　经办人（签章）：　　　　　联系电话： 代理人（公章）：			
受理人：　　　　　　　受理日期：　年　月　日　　　　　　受理税务机关（签章）：				

本表为 A3 竖式一式三份，一份纳税人留存，一份主管税务机关留存、一份征收部门留存。

 二、广东金莱自行车制造有限公司

1. 公司资料

纳税人识别号：4401001576 + 自设顺序码（5 位数字，老师可根据学生的专业、班级、学号等实际情况进行安排）

法人名称：刘欣洁
纳税人编码：121500001962
经济性质：有限责任公司
财务负责人：程欧
开户银行：中国工商银行黄埔区支行
开户账号：8000512456229
在职总人数：32
国税主管征收机关：广州市国家税务管理局
办税员：程咏欣
企业社会保障号：854621348914753
邮政编码：510044
注册地址：广州市黄埔区第四工业园55号
营业地址：广州市黄埔区第四工业园55号
电话：（020）75210346
传真：（020）75210346
注册类型：150 有限责任公司
行业：3761 脚踏自行车及残疾人座车制造
信用度：A
监控标志：非重点税源户
增值税优惠：无
增值税纳税类型：小规模纳税人
地方主管征收机关：广州市地方税务管理局
所属行政区域：4401（广东省广州市）
投资性质：内资
企业所得税预缴申报类型：按季据实申报
消费税类型：无消费税

2. 期初信息（见表12-18）

表12-18　　　　　　　　　　　期初信息

	项目	栏次	本年累计	
			应税货物及劳务	应税服务
计税依据	（一）应税增值税不含税销售额	1	0.00	0.00
	税务机关代开的增值税专用发票不含税销售额	2	0.00	0.00
	税控器具开具的普通发票不含税销售额	3	0.00	0.00
	（二）销售使用过的应税固定资产不含税销售额	4（4≥5）	0.00	—
	其中：税控器具开具的普通发票不含税销售额	5	0.00	—

续表

项目		栏次	本年累计	
			应税货物及劳务	应税服务
计税依据	（三）免税销售额	6=7+8+9	0.00	0.00
	其中：小微企业免税销售额	7	0.00	0.00
	未达起征点销售额	8	0.00	0.00
	其他免税销售额	9	0.00	0.00
	（四）出口免税销售额	10（10≥11）	0.00	0.00
	其中：税控器具开具的普通发票销售额	11	0.00	0.00
税款计算	本期应纳税额	12	0.00	0.00
	本期应纳税额减征额	13	0.00	0.00
	本期免税额	14	0.00	0.00
	其中：小微企业免税额	15	0.00	0.00
	未达起征点税额	16	0.00	0.00
	应纳税合计	17=12-13	0.00	0.00
	本期预缴税额	18	—	—
	本期应补（退）税额	19=17-18	—	—

3. 常用税目管理

自定义税目：

1010109003 自行车轮胎

1010113301 儿童车

选定常用税目：

1010113300 自行车

1010109003 自行车轮胎

1010113301 儿童车

9000 其他行业

4. 供应商资料

供应商资料（公司类型均为企业纳税人）：

供应商1：广州市天祥贸易有限公司

开户银行：中行西回路办事处

银行账号：5104410568123

联系电话：020-78501450

税号：522364852164124

联系地址：广州市西回路850号

供应商2：广州市飞跃电脑有限公司

开户银行：中国工商银行天河北路支行

银行账号：6502452545645；

联系电话：020-54555612

税号：521256952885168；

联系地址：广州市天河北路950号2楼204

供应商3：广州市自来水公司南区供水局

开户银行：中行黄埔大道支行

银行账号：4104457482122；

联系电话：020-72513390

税号：801465545665456；

联系地址：广州市黄埔大道135号

供应商4：广州电力工业局南区供电局

开户银行：中国工商银行天长路办事处

银行账号：4105566857888；

联系电话：020-74101234

税号：568455635654678；

联系地址：广州市天长二路888号

5. 客户资料

客户1：广州市东南自行车贸易有限公司

开户银行：中国工商银行工业西路支行

银行账号：5210014858123；

联系电话：020-81015654

税号：810254801478879；

联系地址：广州市工业西路78号

客户2：广州市天马修理厂

开户银行：中行工业路办事处

银行账号：8502512657114；

联系电话：020-48546557

税号：568423157684124；

联系地址：广州市海珠区工业路980号

客户3：湖南长沙欣沙自行车销售有限公司

开户银行：中国工商银行白马路支行

银行账号：6541545124990；

联系电话：0731-15665444

税号：558901100255465；

联系地址：长沙市白马路 898 号

客户 4：武汉市联众自行车贸易有限公司

开户银行：中行万年路办事处

银行账号：8501665459878；

联系电话：0735 – 96688544

税号：901555459786545；

联系地址：武汉市青山万年路 963 号

客户 5：广州市力天自行车贸易公司

开户银行：中国工商银行长城大马路支行

银行账号：5455545787858；

联系电话：020 – 35402456

税号：301254557800155；

联系地址：广州市长城大马路

客户 6：广州市金鑫百货有限公司

开户银行：中行环东北路办事处

银行账号：4014454545455；

联系电话：020 – 45014810

税号：568423157684124；

联系地址：广州市环东北路 983 号

6. 货物信息管理

货物 1：金莱自行车

货物编码：SP0001；税种代码：1010113300；规格型号：（空）

计量单位：辆；是否含税：否；税率：17%；不含税单价：0.00

货物 2：金莱儿童车

货物编码：SP0002；税种代码：1010113301；规格型号：（空）

计量单位：辆；是否含税：否；税率：17%；不含税单价：0.00

货物 3：自行车轮胎

货物编码：SP0003；税种代码：1010109003；规格型号：（空）

计量单位：个；是否含税：否；税率：17%；不含税单价：0.00

货物 4：金莱山地自行车

货物编码：SP0004；税种代码：1010113300；规格型号：（空）

计量单位：辆；是否含税：否；税率：17%；不含税单价：0.00

货物 5：橡胶

货物编码：CL0001；税种代码：9000；规格型号：（空）

计量单位：吨；是否含税：否；税率：17%；不含税单价：1100.00

货物 6：零配件#1001 – 1

货物编码：CL0002；税种代码：9000；规格型号：（空）

计量单位：吨；是否含税：否；税率：17%；不含税单价：1000.00

货物7：零配件#1003-6

货物编码：CL0003；税种代码：9000；规格型号：（空）

计量单位：吨；是否含税：否；税率：17%；不含税单价：1100.00

货物8：零配件#2001-3

货物编码：CL0004；税种代码：9000；规格型号：（空）

计量单位：吨；是否含税：否；税率：17%；不含税单价：1250.00

7. 经济业务

①1日，销售给广州市东南自行车贸易有限公司金莱自行车50辆（371元/辆）；金莱儿童车100辆（206.7元/辆），开具普通发票一张。发票（凭证）代码：144001121135，发票（凭证）号码：756123895。

②8日，销售给广州市天马修理厂自行车轮胎400个（31.8元/个），开具普通发票一张。发票（凭证）代码：144001121135，发票（凭证）号码：756123896。

③11日，销售给湖南长沙欣沙自行车销售有限公司金莱牌山地自行车50辆（795元/辆），开具普通发票一张。发票（凭证）代码：144001121135，发票（凭证）号码：756123897。

④15日，湖南长沙欣沙自行车销售有限公司退回的金莱牌山地自行车2辆（795元/辆），经查明是质量问题，开具普通红字发票一张。发票（凭证）代码：144001121135，发票（凭证）号码：756123898。

⑤16日，销售给武汉市联众自行车贸易有限公司金莱儿童车100辆（206.7元/辆），开具普通发票一张。发票（凭证）代码：144001121135，发票（凭证）号码：756123899。

⑥17日，销售给广州市力天自行车贸易公司自行车轮胎300个（31.8元/个），开具普通发票一张。发票（凭证）代码：144001121135，发票（凭证）号码：756123900。

⑦30日，销售给广州市金鑫百货有限公司金莱自行车20辆（371元/辆）；金莱儿童车10辆（206.7元/辆）；金莱山地自行车10辆（795元/辆），开具普通发票一张。发票（凭证）代码：144001121135，发票（凭证）号码：756123901。

第十三章 消费税实验案例

第一节 成品油消费税实验

 新力石油化工股份有限公司

（一）企业基本信息

公司资料如下：
纳税人识别号：150102037406227
纳税人海关编号：5329412568
公司名称：新力石油化工股份有限公司
电话：020-33225678
纳税人编码：3521577746
法人名称：马飞腾
传真：020-33225678
注册地址：××市××区××路
所属行业：成品油
营业地址：××市××区××路
邮编：510405
注册类型：股份有限公司
主管税务机关代码：122335
增值税纳税类型：一般纳税人
主管税务机关名称：××市××区税务局
纳税优惠：无
监控标志：国家重点税源户
开户银行：中国建设银行××省分行

信用度：A

开户账号：3228232835174481394

财务负责人：郝解放

经济性质：股份有限公司

所在省份：××省

(二) 企业发生的经济业务

(1) 2017.3.1 向广西广源油料贸易有限公司销售无铅汽油 61120.00 升，开具增值税专用发票（发票代码为 4401091132，发票号码为 00560321，客户纳税人识别号为 521023654123021）。

(2) 2017.3.2 向茂名油品化工贸易有限公司销售含铅汽油 80000 升，开具增值税专用发票（发票代码为 4401091132，发票号码为 00560322，客户纳税人识别号为 852132654102230）。

(3) 2017.3.4 向广西广源油料贸易有限公司销售柴油 1100.00 升，开具增值税专用发票（发票代码为 4401091132，发票号码为 00560323，客户纳税人识别号为 521023654123021）。

(4) 2017.3.5 向广西广源油料贸易有限公司销售石脑油 850.00 升，开具增值税专用发票（发票代码为 4401091132，发票号码为 00560324，客户纳税人识别号为 521023654123021）。

(5) 2017.3.6 向华力发电有限公司销售溶剂油 10 升，开具增值税专用发票（发票代码为 4401091132，发票号码为 00560325，客户纳税人识别号为 741520356212365）。

(6) 2017.3.10 向华力发电有限公司销售润滑油 787.00 升，开具增值税专用发票（发票代码为 4401091132，发票号码为 00560326，客户纳税人识别号为 741520356212365）。

(7) 2017.3.11 向广州亦云化工有限公司销售乙烯燃料油 1910.00 升，开具增值税专用发票（发票代码为 4401091132，发票号码为 00560327，客户纳税人识别号为 483072298514526）。

(8) 2017.3.12 委托加工收回石脑油 2000 升、溶剂油 3000 升、燃料油 4000 升。

(9) 2017.3.14 外购石脑油 11000 升、溶剂油 26000 升、燃料油 48000 升、柴油 800 升。

(10) 2017.3.28 委托中国南方石油化工有限公司加工柴油 4600.00 升、溶剂油 2600.00 升（客户纳税人识别号为 625412032158410）。

说明如表 13-1、表 13-2 所示。

表 13-1　　　　　　　　　　　委托加工收回成品油

	期初库存（升）	期末库存（升）
石脑油	6000	1000
溶剂油	7000	2000
燃料油	8000	8000

表 13 – 2　　　　　　　　　　外购成品油

	期初库存（升）	期末库存（升）
石脑油	66000	18000
溶剂油	72000	26000
燃料油	86000	86000
柴油	6000	3000

（三）纳税申报表

纳税申报表主表和五张附表资料如表 13 – 3 至表 13 – 8 所示。

表 13 – 3　　　　　　　　成品油消费税纳税申报表

税款所属期：20××年7月1日至20××年7月31日
纳税人名称（公章）：新力石油化工股份有限公司
纳税人识别号：150102037406227
填表日期：20××年8月8日

应税消费品名称	适用税率（元/升）	销售数量	应纳税额
无铅汽油	1.00		
含铅汽油	1.40		
柴油	0.80		
石脑油	1.00		
溶剂油	1.00		
润滑油	1.00		
燃料油	0.80		
航空煤油	0.80		
合计	—		—

本期准予扣除税额：	声明
本期减（免）税额：	此纳税申报表是根据国家税收法律的规定填报的，我确定它是真实的、可靠的、完整的。
期初未缴税额：	经办人（签章）：倪人辉
本期缴纳前期应纳税额：	财务负责人（签章）：郝解放 联系电话：020 – 33225678
本期预缴税额：	（如果你已委托代理人申报，请填写） 授权声明 　　为代理一切税务事宜，现授权（地址）为
本期应补（退）税额：	本纳税人的代理申报人，任何与本申报表有关的往来文件，都可寄予此人。
期末未缴税额：	授权人签章：

填表说明：
(1) 本表仅限成品油消费品纳税人使用。
(2) 本表"销售数量"为《中华人民共和国消费税暂行条例》《中华人民共和国消费税暂行条例实施细则》及其他法规、规章规定的当期应当申报缴纳消费税的成品油类应税消费品销售数量。
(3) 根据《中华人民共和国消费税暂行条例》的规定，本表"应纳税额"计算公式如下：

$$应纳税额 = 销售数量 \times 适用税率$$

(4) 本表"本期准予扣除税额"按本表附件一的本期准予扣除税款合计金额填写。
(5) 本表"本期减（免）税额"是指按照税法规定对应税消费品减免的税额。
根据财税〔2006〕33号文件中"航空煤油暂缓征收消费税"的规定，航空煤油暂不申报消费税。
(6) 本表"期初未缴税额"填写本期期初应缴未缴的消费税额，多缴为负数。其数值等于上期"期末未缴税额"。
(7) 本表"本期缴纳前期应纳税额"填写本期实际入库的前期消费税额。
(8) 本表"本期预缴税额"填写纳税申报前已预先缴纳入库的本期消费税额。
(9) 本表"本期应补（退）税额"计算公式如下，多缴为负数：

本期应补（退）税额 = 应纳税额（合计栏金额） - 本期准予扣除税额 - 本期减（免）税额 - 本期预缴税额

(10) 本表"期末未缴税额"计算公式如下，多缴为负数：

期末未缴税额 = 期初未缴税额 + 本期应补（退）税额 - 本期缴纳前期应纳税额

(11) 本表为A4竖式，所有数字小数点后保留两位。一式二份，一份纳税人留存，一份税务机关留存。

表13-4　　　　　　　　　　本期准予扣除税额计算表（附表1）

税款所属期：20××年7月1日至20××年7月31日
纳税人名称（公章）：新力石油化工股份有限公司
纳税人识别号：150102037406227
填表日期：20××年8月8日

项目	石脑油	润滑油	燃料油
一、当期准予扣除的委托加工收回应税消费品已纳税款计算	—	—	—
1. 期初库存委托加工应税消费品已纳税款			
2. 当期收回委托加工应税消费品已纳税款			
3. 期末库存委托加工应税消费品已纳税款			
4. 当期准予扣除的委托加工应税消费品已纳税款			
二、当期准予扣除的外购应税消费品已纳税款计算	—	—	—
1. 期初库存外购应税消费品数量			
2. 当期购进应税消费品数量			
3. 期末库存外购应税消费品数量			
4. 当期准予扣除的外购应税消费品数量			
5. 当期准予扣除的外购应税消费品税款			

三、以外购和委托加工收回石脑油为原料在同一生产过程中既生产非应税消费品，同时又生产应税消费品的，外购和委托加工收回石脑油扣除已纳税款计算

1. 当期应税消费品的产出量	
2. 生产当期应税消费品所有原料投入数量	
3. 收率	
4. 当期准予扣除的外购和委托加工石脑油已纳税款	
四、本期准予扣除税款合计	

填表说明：
(1) 本表作为《成品油消费税纳税申报表》的附报资料，由外购、进口或委托加工收回含铅汽油、无铅汽油、

柴油、石脑油、润滑油、燃料油后连续生产应税成品油的纳税人填写。

(2) 本表"当期准予扣除的委托加工应税消费品已纳税款"计算公式如下：

当期准予扣除的委托加工含铅汽油、无铅汽油、柴油、石脑油、润滑油、燃料油已纳税款 = 期初库存委托加工汽油、柴油、石脑油、润滑油、燃料油已纳税款 + 当期委托加工收回汽油、柴油、石脑油、润滑油、燃料油已纳税款 – 期末库存委托加工汽油、柴油、石脑油、润滑油、燃料油已纳税款

(3) 本表"当期准予扣除的外购应税消费品已纳税款"计算公式如下：

当期准予扣除的含铅汽油、无铅汽油、柴油、石脑油、润滑油、燃料油已纳税款 = 当期准予扣除外购汽油、柴油、石脑油、润滑油、燃料油数量 × 外购汽油、柴油、石脑油、润滑油、燃料油适用税率

当期准予扣除外购含铅汽油、无铅汽油、柴油、石脑油、润滑油、燃料油数量 =（期初库存外购汽油、柴油、石脑油、润滑油、燃料油数量 + 当期购进汽油、柴油、石脑油、润滑油、燃料油数量 – 期末库存外购汽油、柴油、石脑油、润滑、燃料油数量）

(4) 本表"当期准予扣除的进口应税消费品已纳税款"计算公式如下：

当期准予扣除的含铅汽油、无铅汽油、柴油、石脑油、润滑油、燃料油已纳税款 = 期初库存进口汽油、柴油、石脑油、润滑油、燃料油已纳税款 + 当期进口汽油、柴油、石脑油、润滑油、燃料油已纳税款 – 期末库存进口汽油、柴油、石脑油、润滑油、燃料油已纳税款

(5) 本表"本期准予扣除税款合计"为本期外购、进口或委托加工收回含铅汽油、无铅汽油、柴油、石脑油、润滑油、燃料油数量后连续生产应税消费品准予扣除含铅汽油、无铅汽油、柴油、石脑油、润滑油、燃料油已纳税款的合计数，即本表项目一 + 项目二 + 项目三，应与《成品油消费税纳税申报表》中对应项目一致。

(6) 本表为A4竖式，所有数字小数点后保留两位。一式二份，一份纳税人留存，一份税务机关留存。

表13-5　　　　　　　　本期减（免）税额计算表（附表2）

税款所属期：20××年7月1日至20××年7月31日

纳税人名称（公章）：新力石油化工股份有限公司

纳税人识别号：150102037406227

填表日期：20××年8月8日

项目	—	—	—	合计
适用税率（元/升）	0	0	0	—
本期减（免）数量	0	0	0	—
本期减（免）税额	0	0	0	0

填表说明：

(1) 本表作为《成品油消费税纳税申报表》的附报资料，由按照税法规定减免应税消费品消费税的纳税人填写，不含暂缓征收的项目。

(2) 本表"本期减（免）税额"计算公式如下：

本期减（免）税额 = 本期减（免）数量 × 适用税率

(3) 本表为A4竖式所有数字小数点后保留两位。一式二份，一份纳税人留存，一份税务机关。

表13-6　　　　　　　　成品油销售明细表（附表3）

税款所属期：20××年7月1日至20××年7月31日

纳税人名称（公章）：新力石油化工股份有限公司

纳税人识别号：150102037406227

填表日期：20××年8月8日

成品油名称	发票代码	发票号码	销量	销售额	购货方纳税人名称	购货方纳税人识别号	备注

填表说明：
（1）本表为月报，作为《成品油消费税纳税申报表》的附报资料，由成品油类消费税纳税人在办理申报时提供，填写所属期内在国内销售的所有油品的发票明细。
（2）本表"成品油名称"为销售货物发票上方注明的油品名称，同一油品集中填写，并有小计。
（3）本表为A4横式，所有数字小数点后保留两位。一式二份，一份纳税人留存，一份税务机关留存。

表13-7　　　　　　　准予扣除消费税凭证明细表（附表4）

税款所属期：20××年7月1日至20××年7月31日
纳税人名称（公章）：新力石油化工股份有限公司
纳税人识别号：150102037406227
填表日期：20××年8月8日

应税消费品名称	凭证类别	凭证号码	开票日期	数量/（升）	金额	适用税率	消费税税额

填表说明：
（1）本表作为《成品油消费税纳税申报表》的附报资料，由外购或委托加工收回应税消费品后连续生产应税消费品的纳税人填报。
（2）本表"应税消费品名称"填写石脑油、润滑油、燃料油。
（3）本表"凭证类别"填写允许扣除凭证名称，如增值税专用发票、海关进口消费税专用缴款书、代扣代收税款凭证。
（4）本表"凭证号码"填写允许扣除凭证的号码。
（5）本表"开票日期"填写允许扣除凭证的开票日期。
（6）本表"数量"填写允许扣除凭证载明的应税消费品数量。
（7）本表"金额"填写允许扣除凭证载明的应税消费品金额。
（8）本表"适用税率"填写应税消费品的适用税率。
（9）本表"消费税税额"填写凭该允许扣除凭证申报抵扣的消费税税额。
（10）本表为A4竖式。所有数字小数点后保留两位。一式二份，一份纳税人留存，一份税务机关留存。

表13-8　　　　　　　本期代收代缴税额计算表（附表5）

税款所属期：20××年7月1日至20××年7月31日
纳税人名称（公章）：新力石油化工股份有限公司
纳税人识别号：150102037406227
填表日期：20××年8月8日

项目	汽油	柴油	石脑油	溶剂油	润滑油	燃料油	航空煤油	合计
适用税率（元/升）	1.00	0.80	1.00	1.00	1.00	0.80	0.80	—
受托加工数量（升）								—
本期代收代缴税款（元）								

填表说明：
（1）本表作为《成品油消费税纳税申报表》的附报资料，由成品油类应税消费品受托加工方填写。
（2）本表"本期代收代缴税款"计算公式为：
　　　　　　汽油、柴油本期代收代缴税款＝受托加工数量×适用税率
　　　　石脑油、溶剂油、润滑油和燃料油本期代收代缴税款＝受托加工数量×适用税率
根据《财政部　国家税务总局关于调整和完善消费税政策的通知》"航空煤油暂缓征收消费税"的规定，航空煤油暂不申报消费税。
（3）本表为A4竖式，所有数字小数点后保留两位。一式二份，一份纳税人留存，一份税务机关留存。

第二节　酒类消费税实验

 一、香飘飘酒业股份有限公司

（一）公司基本资料

公司资料设置：

纳税人识别号：150122142025326

纳税人海关编号：1501031375

公司名称：内蒙古香飘飘酒业股份有限公司

电话：0471-85466236

纳税人编码：190812060724

法人名称：马志杰

传真：0471-85466236

注册地址：呼和浩特市新城区成吉思汗大街566号

所属行业：酒业

营业地址：呼和浩特市新城区成吉思汗大街566号

邮编：511400

注册类型：股份有限公司

主管税务机关代码：124432

增值税纳税类型：增值税一般纳税人

主管税务机关名称：新城区国家税务局二分局

纳税优惠：无

监控标志：国家重点税源

开户银行：中国工商银行呼和浩特市新城区支行

信用度：A

开户账号：25621478654982195430

财务负责人：张飞燕

经济性质：股份有限公司

所在省份：内蒙古自治区

（二）公司2011年12月业务资料

（1）生产粮食白酒4000000斤，销售3000000斤，每斤售价50元。

（2）生产啤酒（每吨出厂价在 3000 元及 3000 元以上的）4000 吨，销售 3000 吨，生产啤酒（每吨出厂价在 3000 元以下的）2000 吨，销售 1000 吨。

（3）生产黄酒 45 吨，销售 30 吨。

（4）生产其他酒 2000 吨，销售 2000 吨，每吨售价 1000 元。

（5）生产酒精 600 吨，销售 500 吨，每吨售价 800 元。

（6）委托其他单位加工粮食白酒 4000 斤，同类产品售价 50 元/斤。委托加工其他酒 600 吨，同类产品售价 1000 元/吨。

（三）纳税申报表

纳税申报表如表 13-9 所示。

表 13-9　　　　　　　　　　　　　纳税申报表

税款所属期：20××年 12 月 1 日至 20××年 12 月 31 日
纳税人名称（公章）：内蒙古香飘飘酒业股份有限公司
纳税人识别号：150122142025326
填表日期：20××年 1 月 6 日　　　　　　　　　　　　　　　金额单位：元（列至角分）

应税消费品名称	适用税率		销售数量	销售额	应纳税额
	定额税率	比例税率			
粮食白酒	0.5 元/斤	20%	3000000	150000000.00	31500000.00
薯类白酒	0.5 元/斤	20%			
啤酒	250 元/吨	—	3000		750000.00
啤酒	220 元/吨	—	1000		220000
黄酒	240 元/吨	—	30		7200
其他酒	—	10%	2000	2000000.00	200000
酒精	—	5%	500	400000.00	20000.00
合计	—	—	—	—	32697200

本期准予抵减税额：0	声明
本期减（免）税额：	此纳税申报表是根据国家税收法律的规定填报的，我确定它是真实的、可靠的、完整的。
期初未缴税额：	经办人（签章）：刘坤 财务负责人（签章）：张飞燕
本期缴纳前期应纳税额：	联系电话：020-8546923
本期预缴税额：	（如果你已委托代理人申报，请填写） 授权声明 为代理一切税务事宜，现授权
本期应补（退）税额：32697200	地址为 本纳税人的代理申报人，任何与本申报表有关的往来文件，都可寄于此人。
期末未缴税额：32697200	授权人签章：

填表说明：
（1）本表仅限酒及酒精消费税纳税人使用。
（2）本表"销售数量"为《中华人民共和国消费税暂行条例》《中华人民共和国消费税暂行条例实施细则》及其他法规、规章规定的当期应申报缴纳消费税的酒及酒精销售（不含出口免税）数量。计量单位：粮食白酒和薯类白酒为斤（如果实际销售商品按照体积标注计量单位，应按500毫升为1斤换算），啤酒、黄酒、其他酒和酒精为吨。
（3）本表"销售额"为《中华人民共和国消费税暂行条例》《中华人民共和国消费税暂行条例实施细则》及其他法规、规章规定的当期应申报缴纳消费税的酒及酒精销售（不含出口免税）收入。
（4）根据《中华人民共和国消费税暂行条例》和《财政部 国家税务总局关于调整酒类产品消费税政策的通知》（财税〔2001〕84号）的规定，本表"应纳税额"计算公式如下：

①粮食白酒、薯类白酒

$$应纳税额 = 销售数量 \times 定额税率 + 销售额 \times 比例税率$$

②啤酒、黄酒

$$应纳税额 = 销售数量 \times 定额税率$$

③其他酒、酒精

$$应纳税额 = 销售额 \times 比例税率$$

（5）本表"本期准予抵减税额"按本表附件一的本期准予抵减税款合计金额填写。
（6）本表"本期减（免）税额"不含出口退（免）税额。
（7）本表"期初未缴税额"填写本期期初累计应缴未缴的消费税额，多缴为负数。其数值等于上期"期末未缴税额"。
（8）本表"本期缴纳前期应纳税额"填写本期实际缴纳入库的前期消费税额。
（9）本表"本期预缴税额"填写纳税申报前已预先缴纳入库的本期消费税额。
（10）本表"本期应补（退）税额"计算公式如下，多缴为负数：

$$本期应补（退）税额 = 应纳税额（合计栏金额） - 本期准予抵减税额 \\ - 本期减（免）税额 - 本期预缴税额$$

（11）本表"期末未缴税额"计算公式如下，多缴为负数：

$$期末未缴税额 = 期初未缴税额 + 本期应补（退）税额 - 本期缴纳前期应纳税额$$

（12）本表为A4竖式，所有数字小数点后保留两位。一式二份，一份纳税人留存，一份税务机关留存。

本期准予抵减税额计算表如表13-10所示。

表13-10　　　　　　　　　本期准予抵减税额计算表

税款所属期：20××年12月01日至20××年12月31日
纳税人名称（公章）：内蒙古香飘飘酒业股份有限公司
纳税人识别号：150122142025326
填表日期：20××年1月6日　　　　　　　　　　　　　　　单位：吨、元（列至角分）

一、当期准予抵减的外购啤酒液已纳税款计算
1. 期初库存外购啤酒液数量：0
2. 当期购进啤酒液数量：0
3. 期末库存外购啤酒液数量：0
4. 当期准予抵减的外购啤酒液已纳税款：0
二、当期准予抵减的进口葡萄酒已纳税款：0
三、本期准予抵减税款合计：0

附: 准予抵减消费税凭证明细

	号码	开票日期	数量	单价	定额税率（元/吨）
啤酒（增值税专用发票）					
	合计	—		—	

	号码	开票日期	数量	完税价格	税款金额
葡萄酒（海关进口消费税专用缴款书）					
	合计	—		·	

填表说明：

（1）本表作为《酒及酒精消费税纳税申报表》的附报资料，由以外购啤酒液为原料连续生产啤酒的纳税人或以进口葡萄酒为原料连续生产葡萄酒的纳税人填报。

（2）根据《国家税务总局关于用外购和委托加工收回的应税消费品连续生产应税消费品征收消费税问题的通知》和《国家税务总局关于啤酒集团内部企业间销售（调拨）啤酒液征收消费税问题的批复》的规定，本表"当期准予抵减的外购啤酒液已纳税款"计算公式如下：

$$\text{当期准予抵减的外购啤酒液已纳税款} = \left(\text{期初库存外购啤酒液数量} + \text{当期购进啤酒液数量} - \text{期末库存外购啤酒液数量} \right) \times \text{外购啤酒液适用定额税率}$$

其中，外购啤酒液适用定额税率由购入方取得的销售方销售啤酒液所开具的增值税专用发票上记载的单价确定。适用定额税率不同的，应分别核算外购啤酒液数量和当期准予抵减的外购啤酒液已纳税款，并在表中填写合计数。

（3）根据《国家税务总局关于印发〈葡萄酒消费税管理办法（试行）〉的通知》的规定，本表"当期准予抵减的进口葡萄酒已纳税款"为纳税人进口葡萄酒取得的《海关进口消费税专用缴款书》注明的消费税款。

（4）本表"本期准予抵减税款合计"应与《酒及酒精消费税纳税申报表》中对应项目一致。

（5）以外购啤酒液为原料连续生产啤酒的纳税人应在"附：准予抵减消费税凭证明细"栏据实填写购入啤酒液取得的增值税专用发票上载明的"号码""开票日期""数量""单价"等项目内容。

（6）以进口葡萄酒为原料连续生产葡萄酒的纳税人应在"附：准予抵减消费税凭证明细"栏据实填写进口消费税专用缴款书上载明的"号码""开票日期""数量""完税价格""税款金额"等项目内容。

（7）本表为A4竖式，所有数字小数点后保留两位。一式两份，一份纳税人留存，一份税务机关留存。

本期代收代缴税额计算表如表13-11所示。

表 13-11　　　　　　　　　　本期代收代缴税额计算表

税款所属期：20××年12月1日至20××年12月31日
纳税人名称（公章）：内蒙古香飘飘酒业股份有限公司
纳税人识别号：150122142025326
填表日期：20××年1月6日　　　　　　　　　　　　　　　　　金额单位：元（列至角分）

项目		粮食白酒	薯类白酒	啤酒	啤酒	黄酒	其他酒	酒精	合计
适用税率	定额税率	0.5元/斤	0.5元/斤	250元/吨	220元/吨	240元/吨	—	—	—
	比例税率	20%	20%	—	—	—	10%	5%	—
委托加工数量		4000					600		
同类产品销售价格		50				—	1000	—	
材料成本									
加工费						—			
组成计税价格		200000.00					600000		
本期代收代缴税款		42000.00					60000		102000.00

填表说明：
（1）本表作为《酒及酒精消费税纳税申报表》的附报资料，由酒及酒精受托加工方填报。
（2）本表"受托加工数量"的计量单位是：粮食白酒和薯类白酒为斤（如果实际销售商品按照体积标注计量单位，应按500毫升为1斤换算），啤酒、黄酒、其他酒和酒精为吨。
（3）本表"同类产品销售价格"为受托方同类产品销售价格。
（4）根据《中华人民共和国消费税暂行条例》的规定，本表"组成计税价格"的计算公式如下：
　　　　　组成计税价格=（材料成本+加工费）÷（1-消费税税率）
（5）根据《中华人民共和国消费税暂行条例》的规定，本表"本期代收代缴税款"的计算公式如下：
①当受托方有同类产品销售价格时：
　　　本期代收代缴税款=同类产品销售价格×受托加工数量×适用税率+受托加工数量×适用税率
②当受托方没有同类产品销售价格时：
　　　本期代收代缴税款=组成计税价格×适用税率+受托加工数量×适用税率
（6）本表为A4竖式，所有数字小数点后保留两位。一式二份，一份纳税人留存，一份税务机关留存。

生产经营情况表如表13-12所示。

表 13-12　　　　　　　　　　生产经营情况表

税款所属期：20××年12月1日至 20××年12月31日
纳税人名称（公章）：内蒙古香飘飘酒业股份有限公司
纳税人识别号：150122142025326
填表日期：20××年1月6日　　　　　　　　　　　　　　　　　金额单位：元（列至角分）

项目	粮食白酒	薯类白酒	啤酒（适用税率：250元/吨）	啤酒（适用税率：220元/吨）	黄酒	其他酒	酒精
生产数量	4000000		4000	2000	45	2000.00	600.00
销售数量	3000000		3000	1000	30	2000.00	500.00
委托加工收回酒及酒精直接销售数量							

续表

项目	粮食白酒	薯类白酒	啤酒（适用税率：250元/吨）	啤酒（适用税率：220元/吨）	黄酒	其他酒	酒精
委托加工收回酒及酒精直接销售额							
出口免税销售数量							
出口免税销售额							

填表说明：

(1) 本表为年报，作为《酒及酒精消费税纳税申报表》的附报资料，由酒及酒精消费税纳税人于年度终了后填写，次年1月份办理消费税纳税申报时报送。

(2) 本表"生产数量"，填写本期生产的产成品数量。

(3) 本表"销售数量"填写要求同《酒及酒精消费税纳税申报表》。

(4) 本表"出口免税销售数量"和"出口免税销售额"为享受出口免税政策的应税消费品销售数量和销售额。

(5) 本表计量单位：粮食白酒和薯类白酒为斤（如果实际销售商品按照体积标注计量单位，应按500毫升为1斤换算），啤酒、黄酒、其他酒和酒精为吨。

(6) 本表为A4竖式，所有数字小数点后保留两位。一式二份，一份纳税人留存，一份税务机关留存。

二、江河酒业有限公司

（一）企业基本信息

企业主营：粮食白酒、黄酒、啤酒、酒精生产、加工、销售

法人代表：李应良

报税人：郑丽云

财务负责人：徐明峰

（国税）纳税识别号：663829109923875

（地税）纳税识别号：440006870218980

广州市海珠区赤沙路21号

电话：020 - 82654333

开户银行及账号：中国工商银行广州市海珠区支行　2048595914009922457

税款所属时间：2016年6月

填表日期：20××年7月5日

产品信息表如表13-13所示。

表13-13　　　　　　　　　　产品信息表

产品名称	单位	规格	消费税额
穗宝牌白酒	箱	500克/瓶、24瓶/箱	
清江牌啤酒	箱	600毫升/瓶、24瓶/箱、14.4升/箱	220元/吨
纯生啤酒	箱	600毫升/瓶、24瓶/箱、30升/箱、1箱=1桶	250元/吨

续表

产品名称	单位	规格	消费税税额
埃克森葡萄酒	箱	750 毫升/瓶，24 瓶/箱	
食用酒精	吨		
百佳牌黄酒		1 吨 = 962 升	
啤酒		1 吨 = 988 升	

本月生产情况表如表 13 - 14 所示。

表 13 - 14　　　　　　　　　　本月生产情况表

名称	生产数量
粮食白酒	6732000
纯生啤酒	350000
普通啤酒	556000
黄酒	2600000
酒精	279000
其他酒	3888000

说明：
(1) 清江牌啤酒：每箱该啤酒的容积 = 0.6 × 24 = 14.4（升）。
每升啤酒的价格 = 42/14.4 = 2.917（元）（42 元/箱）
每吨出厂价格 = 2.917 × 988 = 2882（元）< 3000 元，因此，其每吨消费税税额为 220 元。
(2) 清江牌纯生啤酒：每升啤酒的价格 = 100/30 = 3.33（元）（100 元/箱）。
每吨出厂价格 = 3.33 × 988 = 3290.04（元）> 3000（元），因此，其每吨消费税税额为 250 元。
(3) 粮食白酒同类产品销售价格：30 元/斤。
啤酒液：
期初库存外购啤酒液数量：286.00 吨，单价为 3682.00 元。
期末库存外购啤酒液数量：375.00 吨，单价为 3682.00 元。

产品成本明细表如表 13 - 15 所示。

表 13 - 15　　　　　　　　　　产品成本明细表

产品名称	单位	金额
穗宝白酒	箱	1700 元
清江啤酒	箱	30 元
纯生啤酒	箱	70 元
葡萄酒	箱	1950 元
酒精	吨	1900 元
百佳黄酒	吨	5000 元

(二) 经济业务

2016 年 6 月发生的经济业务：

（1）2016.6.2 销售给开平市海地贸易有限公司穗宝牌白酒 1180 箱，每箱价格 1870.00 元，合计：2206600.00 元。开具增值税专用发票。

（2）2016.6.4 用银行存款缴纳上期消费税 21050000.00 元。

（3）2016.6.7 销售给海宁市海天贸易公司百佳牌黄酒 100 吨，每吨 6500.00 元，共计：650000.00 元。开具增值税专用发票。

（4）2016.6.8 企业向贵州三台集团购买食用酒精 350 吨作为原材料，每吨价格 2850.00 元，合计 997500.00 元；啤酒液 450 吨，单价为 3682.00 元，金额为 1656900.00 元。

（5）2016.6.8 向贵州三台集团销售进口埃克森 0910 葡萄酒 500 箱，金额为：1080000.00 元，开具增值税专用发票。

（6）2016.6.10 销售给广东省粮油集团 K 牌连锁便利店穗宝牌白酒 1500 箱、埃克森 0910 葡萄酒 1000 箱，穗宝牌白酒每箱价格 1870.00 元，埃克森 0910 葡萄酒每箱价格 2160 元，总金额为 4965000.00 元。开具增值税专用发票。

（7）2016.6.12 以物易物向山东兰斯酒业公司销售百佳牌黄酒 150 吨，金额共为 975000.00 元，并向其购买"兰斯云"0102 葡萄酒液 80 吨，单价为 12187.50 元/吨，金额共为 975000.00 元。

（8）2016.6.18 向农民购买粮食 40 吨，每吨 2000.00 元，合计 80000.00 元。开具统一收购发票，同时支付运输费 5800.00 元。

（9）2016.6.19 给东莞市海洋贸易有限公司加工粮食白酒 70 吨，该粮食白酒在该地区 30 元/斤，收取加工费 1990000.00 元，开具增值税专用发票。

（10）2016.6.20 销售给广汇餐饮有限公司清江牌纯生啤酒 2800 箱，每箱价格 100.00 元，共 280000.00 元，收到押金 28000 元，开具增值税专用发票。

（11）2016.6.23 企业使用 10 箱穗宝牌白酒用于业务招待，单价：1870 元/箱。

（12）2016.6.27 销售给广东老湘楼餐饮有限公司食用酒精 80 吨，每吨价格 2790 元，合计 223200.00 元。开具增值税专用发票。

（13）2016.6.28 企业向番禺区敬老院赠送百佳牌黄酒 80 箱。

（14）2016.6.29 销售给广昌贸易有限公司清江牌啤酒 11200 箱，每箱价格 42 元，合计 470400.00 元。取得增值税专用发票。

（15）2016.6.29 从法国德菲庄园葡萄酒酿酒有限公司进口波多莉亚干红葡萄酒 300 箱用于加工葡萄酒（750 毫升/瓶、24 瓶/箱），支付买价 2600000.00 元，支付到达我国海关前的运输费用 180000.00 元，保险费用 78000.00 元（进口关税税率 14%，消费税税率 10%）。

（16）2016.6.30 进口葡萄酒全部领用用于连续生产葡萄酒，结转领用成本。

（17）2016.6.30 结转本月领用啤酒液的成本。

(三) 纳税申报表

本期准予抵减税额计算表如表 13-16 所示。

表 13-16　　本期准予抵减税额计算表

税款所属期：20××年6月1日至20××年6月30日

填表日期：　年　月　日　　　　　　　　　　　　　　　单位：吨、元（列至角分）

1	一、当期准予抵减的外购啤酒液已纳税款计算			
2	期初库存外购啤酒液数量	定额税率	元/吨（2A）	286
			元/吨（2B）	
3	当期购进啤酒液数量	定额税率	25 元/吨（3A）	450
			220 元/吨（3B）	
4	期末库存外购啤酒液数量	定额税率	250 元/吨（4A）	375
			220 元/吨（4B）	
5	当期准予抵减的外购啤酒液已纳税款 5 栏 =（2A + 3A - 4A）×250 +（2B + 3B - 4B）×220		90250	
6	二、当期准予抵减的进口葡萄酒已纳税款：		362013.33	
7	三、本期准予抵减税款合计： 7 栏 = 5 栏 + 6 栏		452263.33	

附：本期取得准予抵减消费税凭证明细

	号码	开票日期	数量（吨）	单价（元）	定额税（元/吨）
啤酒（增值税专用发票）	00236524	2016-6-8	450	3682.00	250.00
	小计	—		—	250
	小计	—		—	220
	合计	—		—	—

续表

	号码	开票日期	数量（吨）	完税价格（元）	税款金额（元）
葡萄酒（海关进口消费税专用缴款书）	3623362542	2016-6-29	300	3620133.33	362013.33
	合计	—			

本期代收代缴税额计算表如表13-17所示。

表13-17　　　　　本期代收代缴税额计算表

填表日期：20××年7月5日　　　　　　　　　　　　　金额单位：元（列至角分）

	项目		粮食白酒	薯类白酒	啤酒	啤酒	黄酒	其他酒	酒精	合计
1	适用税率	定额税率	0.5元/斤	0.5元/斤	250元/吨	220元/吨	240元/吨	—	—	—
2		比例税率	20%	20%	—	—	—	10%	5%	—
3	受托加工数量		140000							—
4	同类产品销售价格		30		—	—	—			—
5	材料成本									
6	加工费									
7	组成计税价格		4200000		—	—	—			
8	本期代收代缴税款		910000							910000

生产经营情况表如表13-18所示。

表13-18　　　　　生产经营情况表

填表日期：20××年7月5日　　　　　　　　　　　　　金额单位：元（列至角分）

	项目	粮食白酒	薯类白酒	啤酒（适用税率：250元/吨）	啤酒（适用税率：220元/吨）	黄酒	其他酒	酒精
1	生产数量	6732000		350000	556000	2600000	3888000	279000
2	销售数量	64560		85.02	163.24	251	1500	80

续表

项目		粮食白酒	薯类白酒	啤酒（适用税率：250元/吨）	啤酒（适用税率：220元/吨）	黄酒	其他酒	酒精
3	委托加工收回酒及酒精直接销售数量							
4	委托加工收回酒及酒精直接销售额							
5	出口免税销售数量							
6	出口免税销售额							

附：酒及酒精消费税纳税申报表

税款所属期：20××年6月1日至20××年6月30日
填表日期：20××年7月5日　　　　　　　　　　　金额单位：元（列至角分）

	应税消费品名称	适用税率		销售数量（C）	销售额（D）	应纳税额（E＝C×A＋D×B）
		定额税率（A）	比例税率（B）			
1	粮食白酒	0.5元/斤	20%	64560	5030300	1038340
2	薯类白酒	0.5元/斤	20%			
3	啤酒	250元/吨	—	85.02	280000	21255
4	啤酒	220元/吨	—	163.24	470400	35912.80
5	黄酒	240元/吨	—	251	1631500	60240
6	其他酒	—	10%	1500	3240000	324000
7	酒精	—	5%	80	223200	11160
8	合计	—	—	—	—	1490907.80
9	本期减（免）税额					
10	本期准予扣除税额			452263.33		
11	上期结转抵减税额					
12	结转下期抵减税额 12栏＝8行E－9栏－10栏－11栏。如12栏≥0，则12栏为0；如12栏<0，则12栏为｜第12栏｜					
13	期初未缴税额			21050000		
14	本期缴纳前期应纳税额			21050000		
15	本期预缴税额					
16	本期应补（退）税额 16栏＝8行E－9栏－（10栏＋11栏－12栏）－15栏			1037931.67		
17	期末未缴税额 17栏＝13栏＋16栏－14栏			1037931.67		

声明
　　此纳税申报表是根据国家税收法律的规定填报的，我确定它是真实的、可靠的、完整的。
经办人（签章）：
财务负责人（签章）：
联系电话：

（如果你已委托代理人申报，请填写）
授权声明
　　为代理一切税务事宜，现授权（地址）为本纳税人的代理申报人，任何与本申报表有关的往来文件，都可寄予此人。
授权人签章：

第三节 烟类消费税实验

 一、上海烟草集团有限公司

（一）公司资料设置

纳税人识别号：388126329581963　　纳税人海关编号：3362413752
公司名称：上海烟草集团有限公司　　电话：020-62090088
纳税人编码：911101121011007729　　法人名称：施超
传真：020-62090088　　注册地址：上海市
所属行业：烟业　　营业地址：上海市
邮编：512000　　注册类型：有限责任公司
主管税务机关代码：122625　　增值税纳税类型：一般纳税人
主管税务机关名称：上海国家税务机关　　纳税优惠：无
监控标志：国家重点税源户　　开户银行：中国工商银行上海市支行
信用度：A　　开户账号：2860100000005691597
财务负责人：刘可心　　经济性质：有限责任公司
所在省份：上海
网上报税密码：123456

（二）经济业务

2016年11月企业发生如下业务：

（1）11月3日，向凯信公司销售中华硬条翻盖1000箱，不含税单价22500元/箱，90元/条。

（2）11月5日，向凯信公司销售雪茄烟共10箱，不含税单价10000元/箱。

（3）11月6日，向腾飞公司销售中华全包装500箱，不含税单价25000元/箱，100元/条。

（4）11月10日，从思源烟草公司购买烟丝100000元。

（5）11月12日，向阳光烟草公司卖出红塔山软盒500箱，15000元/箱，60元/条。

（6）11月17日，向阳光烟草公司卖出红塔山硬盒1000箱，12500元/箱，50元/条。

（7）11月29日，从思源烟草公司购进烟丝80000元。

（8）11月19日，委托富力来烟草公司将烟丝加工成甲类卷烟20箱，材料成本80000元，加工费2000元。

（9）11月23日，委托朝阳烟草公司将烟丝加工成乙类卷烟30箱，原材料100000元，加工费5000元。

（10）11月27日，向百利达公司销售雪茄烟共20箱，不含税单价10000元/箱。

（11）11月30日，红星企业将10万元烟叶委托上海烟草集团有限公司加工成烟丝，支付加工费5000元。

（三）税款计算

（1）1000×22500×56%+1000×150=12750000（元）

（2）10×10000×36%=36000（元）

（3）500×25000×56%+500×150=7075000（元）

（4）100000×30%=30000（元）

（5）500×15000×36%+500×150=2775000（元）

（6）1000×12500×36%+1000×150=4650000（元）

（7）80000×30%=24000（元）

（8）(80000+2000+20×150)/(1−56%)×56%+20×150=111181.82（元）

（9）(100000+5000+150×30)/(1−36%)×36%+150×30=66093.75（元）

（10）20×10000×36%=72000（元）

（11）(100000+5000)/(1−30%)×30%=45000（元）

（四）纳税申报表

烟类应税消费品消费税纳税申报表如表13-19所示。

表13-19　　　　　　　烟类应税消费品消费税纳税申报表

税款所属期：纳税人名称（公章）：上海烟草集团有限公司
纳税人识别号：388126329581962
填表日期：2××6年12月7日

单位：卷烟万支、雪茄烟支、烟丝千克；金额单位：元

应税消费品名称	适用税率		销售数量	销售额	应纳税额
	定额税率（元/万支）	比例税率（%）			
卷烟	30	56	1500	35000000	19645000
卷烟	30	36	1500	20000000	7245000
雪茄烟	—	36	30	300000	108000
烟丝		30			
合计	—	—	—	—	26998000

续表

应税消费品名称	适用税率		销售数量	销售额	应纳税额
	定额税率（元/万支）	比例税率（％）			
本期准予扣除税额：231275.57					
本期减（免）税额：					
期初未缴税额：					
本期缴纳前应纳税额：					
本期预缴税额：					
本期应补（退）税额：26766724.43					
期末未缴税额：26766724.43					

声明
　　此纳税申报表是根据国家税收法律的规定填报的，我确定它是真实的、可靠的、完整的。
经办人（签章）：刘洋
财务负责人（签章）：刘可心
联系电话：020-62090088
（如果你已委托代理人申报，请填写）
　　　　　　　　授权声明
　　为代理一切税务事宜，现授权
（地址）　　　　　　　　　为
本纳税人的代理申报人，任何与本申报表有关的往来文件，都可寄予此人。
授权人签章：

本期准予扣除税额计算表如表13-20所示。

表13-20　　　　　　　　本期准予扣除税额计算表

税款所属期：20××年11月1日至20××年11月30日
纳税人名称（公章）：上海烟草集团有限公司
纳税人识别号：388126329581962
填表日期：20××年12月7日

单位：卷烟万支、雪茄烟支、烟丝千克；
金额单位：元

一、当期准予扣除的委托加工烟丝已纳税款计算

1. 期初库存委托加工烟丝已纳税款：0

2. 当期收回委托加工烟丝已纳税款：177275.57

3. 期末库存委托加工烟丝已纳税款：

4. 当期准予扣除的委托加工烟丝已纳税款：177275.57

二、当期准予扣除的外购烟丝已纳税款计算

1. 期初库存外购烟丝买价：

2. 当期购进烟丝买价：180000

3. 期末库存外购烟丝买价：

4. 当期准予扣除的外购烟丝已纳税款：54000

三、本期准予扣除税款合计：231275.57

本期代收代缴税额计算表如表13-21所示。

表 13-21　　　　　　　　　　本期代收代缴税额计算表

税款所属期：20××年11月1日至20××年11月30日
纳税人名称（公章）：上海烟草集团有限公司
纳税人识别号：388126329581962
填表日期：20××年12月07日

单位：卷烟万支、雪茄烟支、烟丝千克；
金额单位：元

项目		卷烟	卷烟	雪茄烟	烟丝	合计
适用税率	定额税率	30元/万支	30元/万支	—		
	比例税率	56%	36%	36%	30%	—
受托加工数量						—
同类产品销售价格						
材料成本					100000	—
加工费					5000	—
组成计税价格					150000	
本期代收代缴税款					45000	45000

卷烟销售明细表如表 13-22 所示。

表 13-22　　　　　　　　　　卷烟销售明细表

税款所属期：20××年11月1日至20××年11月30日
纳税人名称（公章）：上海烟草集团有限公司
纳税人识别号：388126329581962
填表日期：20××年12月7日

单位：卷烟万支、雪茄烟支、烟丝千克；
金额单位：元

卷烟牌号	烟支包装规格	产量	销量	消费税计税价格	销售额	备注
中华硬条翻盖	25×(64+20) 毫米		1000	22500	22500000	
中华全包装	25×(64+20) 毫米		500	25000	12500000	
红塔山软盒	25×(64+20) 毫米		500	15000	7500000	
红塔山硬盒	25×(64+20) 毫米		1000	12500	12500000	
合计	—		3000	75000	55000000	

二、黑龙江云霄卷烟有限公司

（一）公司资料设置

纳税人识别号：45539583472　　　　纳税人海关编号：5631984511
公司名称：黑龙江云霄卷烟有限公司　　电话：025-54271654
纳税人编码：6473829872　　　　　　法人名称：赵宽
传真：025-8765341　　　　　　　　注册地址：齐齐哈尔市北路185号

所属行业：烟业　　　　　　　　　营业地址：齐齐哈尔市北路 185 号
邮编：520118　　　　　　　　　　注册类型：有限责任公司
主管税务机关代码：154331　　　　增值税纳税类型：非商业类一般纳税人
主管税务机关名称：齐齐哈尔市税务局　纳税优惠：无
监控标志：国家重点税源户　　　　开户银行：中国工商银行齐齐哈尔市古镇区支行

信用度：A　　　　　　　　　　　　开户账号：154500001543986
财务负责人：惠哲贤　　　　　　　经济性质：有限责任公司
所在省份：黑龙江

（二）经济业务

12 月发生的相关业务：

（1）5 日，销售给中华卷烟厂中华软盒（50000 支/箱，不含税单价：20000.00 元/箱，调拨价格为 80 元/条）8000 箱。

（2）7 日，销售给绿地卷烟厂绿地硬盒（50000 支/箱，不含税单价：15000.00 元/箱，调拨价格为 60 元/条）7000 箱。

（3）11 日，销售给广州卷烟厂自产烟丝 2000 千克，价格每千克 6.5 元。

（4）14 日，委托上海烟草公司加工烟丝 10000 千克，材料成本 12000.00 元，支付给对方加工费 58000.00 元，收回加工烟丝用于生产卷烟耗用 5000 千克。

（5）16 日，销售给批发商场中华软盒 1000 箱，不含税单价：22500 元/箱，调拨价格为 90 元/条；销售给利达商场同类卷烟 2000 箱，不含税单价：20000 元/箱，调拨价格 80 元/条。

（6）18 日，向上海烟草公司购买烟丝 3000 千克，价格每千克 5 元，生产使用烟丝 1500 千克。

（7）19 日，受光大集团委托加工乙类卷烟 200 万支，材料成本 30000 元，收到加工费 50000 元。

（8）21 日，销售给周俊商城雪茄烟 5000 箱，不含税单价：20000 元/箱。

（9）23 日，受托俊宏卷烟厂加工烟丝 10000 千克，销售价格每千克 6.5 元。

（10）27 日，销售给中南海烟厂南山醇香软盒（50000 支/箱，不含税单价：21250.00 元/箱，调拨价格为 85 元/条）1000 箱。

（三）计算税款

（1）销售额 = 8000 × 20000 = 160000000（元）
应纳税款 = 160000000 × 56% + 8000 × 5 × 30 = 90800000（元）

(2) 销售额 = 7000 × 15000 = 105000000（元）

应纳税额 = 105000000 × 36% + 7000 × 5 × 30 = 38850000（元）

(3) 销售额 = 2000 × 6.5 = 13000（元）

应纳税额 = 13000 × 30% = 3900（元）

(4) 组成计税价格价 = (12000 + 58000)/(1 − 30%) = 100000（元）

对方代收代缴的税款 = 100000 × 30% = 30000（元）

(5) 销售额 = 1000 × 22500 + 2000 × 20000 = 62500000（元）

应纳税额 = 62500000 × 56% + 3000 × 5 × 30 = 35450000（元）

(6) 购进价款 = 3000 × 5 = 15000（元）

(7) 组成计税价格 = (材料成本 + 加工费)/(1 − 消费税税率)

$$= (30000 + 50000)/(1 - 36\%)$$

$$= 125000（元）$$

本期代收代缴税款 = 125000 × 36% + 200 × 30 = 51000（元）

(8) 销售额 = 5000 × 20000 = 100000000（元）

应纳税额 = 10000000 × 36% = 3600000（元）

(9) 加工烟丝代收代缴的消费税额 = 10000 × 6.5 × 30% = 19500（元）

(10) 销售额 = 1000 × 21250 = 21250000（元）

应纳税额 = 1000 × 5 × 30 + 21250000 × 56% = 12050000（元）

（四）纳税申报表

烟类应税消费品消费税纳税申报表如表 13 - 23 所示。

表 13 - 23　　　　烟类应税消费品消费税纳税申报表

税款所属期：20 × × 年12月1日至20 × × 年12月31日
纳税人名称（公章）：黑龙江云霄卷烟有限公司
纳税人识别号：45539583472
填表日期：20 × × 年1月7日

单位：卷烟箱、雪茄烟箱、烟丝千克；
金额单位：元（列至角分）

应税消费品名称	适用税率		销售数量	销售额	应纳税额
	定额税率	比例税率			
卷烟	30 元/万支	56%	12000	243750000.00	138300000.00
卷烟	30 元/万支	36%	7000	105000000.00	38850000.00
雪茄烟	—	36%	5000	100000000.00	3600000.00
烟丝	—	30%	2000	13000.00	3900.00
合计	—	—	—	—	180753900.00

续表

应税消费品名称	适用税率		销售数量	销售额	应纳税额
	定额税率	比例税率			
本期准予扣除税额：26250.00			声明 此纳税申报表是根据国家税收法律的规定填报的，我确定它是真实的、可靠的、完整的。 经办人（签章）：安静 财务负责人（签章）：李华 联系电话：020-62090088 （如果你已委托代理人申报，请填写） 授权声明 为代理一切税务事宜，现授权 （地址）　　为 本纳税人的代理申报人，任何与本申报表有关的往来文件，都可寄予此人。 授权人签章：				
本期减（免）税额：					
期初未缴税额：					
本期缴纳前期应纳税额：					
本期预缴税额：					
本期应补（退）税额：180727650.00					
期末未缴税额：180727650.00					

本期准予扣除税额计算表如表13-24所示。

表13-24　　　　　　　　本期准予扣除税额计算表

税款所属期：20××年12月1日至20××年12月31日
纳税人名称（公章）：黑龙江云霄卷烟有限公司
纳税人识别号：45539583472
填表日期：20××年1月7日

单位：卷烟万支、雪茄烟支、烟丝千克；
金额单位：元（列至角分）

一、当期准予扣除的委托加工烟丝已纳税款计算
1. 期初库存委托加工烟丝已纳税款：
2. 当期收回委托加工烟丝已纳税款：30000.00
3. 期末库存委托加工烟丝已纳税款：15000.00
4. 当期准予扣除的委托加工烟丝已纳税款：15000.00
二、当期准予扣除的外购烟丝已纳税款计算
1. 期初库存外购烟丝买价：30000.00
2. 当期购进烟丝买价：15000.00
3. 期末库存外购烟丝买价：7500.00
4. 当期准予扣除的外购烟丝已纳税款：11250.00
三、本期准予扣除税款合计：26250.00

本期代收代缴税额计算表如表13-25所示。

表 13-25　本期代收代缴税额计算表

税款所属期：20××年12月1日至20××年12月31日
纳税人名称（公章）：黑龙江云霄卷烟有限公司
纳税人识别号：45539583472
填表日期：20××年1月7日

单位：卷烟万支、雪茄烟支、烟丝千克；
金额单位：元（列至角分）

项目		卷烟	卷烟	雪茄烟	烟丝	合计
适用税率	定额税率	30元/万支	30元/万支	—	—	—
	比例税率	56%	36%	36%	30%	—
受托加工数量			200		10000	—
同类产品销售价格					6.5	—
材料成本			30000.00			
加工费			50000.00			
组成计税价格			125000.00			
本期代收代缴税款			51000.00		19500.00	

卷烟销售明细表如表13-26所示。

表 13-26　卷烟销售明细表

税款所属期：20××年12月1日至20××年12月31日
纳税人名称（公章）：黑龙江云霄卷烟有限公司
纳税人识别号：45539583472
填表日期：20××年1月7日

单位：卷烟箱、雪茄烟箱、烟丝千克；
金额单位：元（列至角分）

卷烟牌号	烟支包装规格	产量	销量	消费税计税价格	销售额	备注
中华软盒	25×(64+20)毫米	75000	8000	20000.00	160000000.00	
绿地硬盒	25×(64+20)毫米	500000	7000	15000.00	105000000.00	
烟丝			2000	6.5	13000.00	
中华软盒	25×(64+20)毫米	60000	1000	22500.00	22500000.00	
绿地软盒	25×(64+20)毫米	60000	2000	20000.00	40000000.00	
雪茄烟		10000	5000	20000.00	100000000.00	
中海醇香软盒	25×(64+20)毫米	5500	1000	21250.00	21250000.00	
合计	—					

第四节 其他应税消费品消费税实验

一、公司基本资料

（一）公司资料设置

纳税人识别号：332000548302286

纳税人海关编号：6423176987

公司名称：广州市星星烟花爆竹有限公司

电话：020-82666444

纳税人编码：3498058441

法人名称：孟繁茂

传真：020-82666444

注册地址：广州市海珠区东窖南路21号

所属行业：生产加工

营业地址：广州市海珠区东窖南路21号

邮编：510115

注册类型：有限责任公司

主管税务机关代码：122336

增值税纳税类型：小规模纳税人

主管税务机关名称：海珠区国家税务局环城路分局

纳税优惠：无

监控标志：区县级重点税源户

开户银行：中国工商银行海珠区支行

信用度：B

开户账号：9537547967997682321

（二）税目资料

征收品目代码：110116

征收品目名称：鞭炮

比例税率：15%

征收品目代码：110117

征收品目名称：焰火

比例税率：15%

 二、纳税申报表资料

其他应税消费品消费税纳税申报表如表13-27所示。

表13-27　　其他应税消费品消费税纳税申报表

税款所属期：20××年11月1日至20××年11月30日
纳税人名称（公章）：广州市星星烟花爆竹有限公司
纳税人识别号：332000548302286
填表日期：20××年12月8日　　　　　　　　　　　　　　　　　　　　单位：万元

应税消费品名称	适用税率	销售数量	销售额	应纳税额
鞭炮	15%	22500	225000.00	33750.00
烟花	15%	65000	975000.00	146250.00
合计	—	—	—	146250.00

本期准予抵减税额：13020.25

本期减（免）税额：0

期初未缴税额：86790.00

本期缴纳前期应纳税额：86790.00

本期预缴税额：0

本期应补（退）税额：166979.75

期末未缴税额：166979.75

声明
此纳税申报表是根据国家税收法律的规定填报的，我确定它是真实的、可靠的、完整的。
经办人（签章）：张力华
财务负责人（签章）：马丽丽
联系电话：82666444
（如果你已委托代理人申报，请填写）
授权声明
为代理一切税务事宜，现授权　　　　　（地址）为本纳税人的代理申报人，任何与本申报表有关的往来文件，都可寄予此人。
授权人签章：

填表说明：
（1）本表限化妆品、贵重首饰及珠宝玉石、鞭炮焰火、汽车轮胎、摩托车、高尔夫球及球具、高档手表、游艇、木制一次性筷子、实木地板等消费税纳税人使用。
（2）本表"应税消费品名称"和"适用税率"按照以下内容填写：
化妆品：30%；贵重首饰及珠宝玉石：10%；金银首饰（铂金首饰、钻石及钻石饰品）：5%；鞭炮焰火：15%；汽车轮胎（除子午线轮胎外）：3%；汽车轮胎（限子午线轮胎）：3%（免税）；摩托车（排量＞250毫升）：10%；摩托车（排量≤250毫升）：3%；高尔夫球及球具：10%；高档手表：20%；游艇：10%；木制一次性筷子：5%；实木地板：5%。
（3）本表"销售数量"为《中华人民共和国消费税暂行条例》《中华人民共和国消费税暂行条例实施细则》及其他法规、规章规定的当期应申报缴纳消费税的应税消费品销售（不含出口免税）数量。计量单位是：汽车轮胎为套；摩托车为辆；高档手表为只；游艇为艘；实木地板为平方米；木制一次性筷子为万双；化妆品、贵重首饰及珠宝玉石（含金银首饰、铂金首饰、钻石及钻石饰品）、鞭炮焰火、高尔夫球及球具按照纳税人实际使用的计量单位填写并在本栏中注明。
（4）本表"销售额"为《中华人民共和国消费税暂行条例》《中华人民共和国消费税暂行条例实施细则》及其他法规、规章规定的当期应申报缴纳消费税的应税消费品销售（不含出口免税）收入。
（5）根据《中华人民共和国消费税暂行条例》的规定，本表"应纳税额"计算公式如下：

应纳税额 = 销售额 × 适用税率

(6) 本表"本期准予扣除税额"按本表附件一的本期准予扣除税款合计金额填写。
(7) 本表"本期减(免)税额"不含出口退(免)税额。
(8) 本表"期初未缴税额"填写本期期初累计应缴未缴的消费税额,多缴为负数。其数值等于上期"期末未缴税额"。
(9) 本表"本期缴纳前期应纳税额"填写本期实际缴纳入库的前期消费税额。
(10) 本表"本期预缴税额"填写纳税申报前已预先缴纳入库的本期消费税额。
(11) 本表"本期应补(退)税额"计算公式如下,多缴为负数:

本期应补(退)税额 = 应纳税额(合计栏金额) − 本期准予扣除税额 − 本期减(免)税额 − 本期预缴税额

(12) 本表"期末未缴税额"计算公式如下,多缴为负数:

期末未缴税额 = 期初未缴税额 + 本期应补(退)税额 − 本期缴纳前期应纳税额

(13) 本表为 A4 竖式,所有数字小数点后保留两位。一式两份,一份纳税人留存,一份税务机关留存。

本期准予扣除税额计算表如表 13 – 28 所示。

表 13 – 28　　　　　　　　　　**本期准予扣除税额计算表**

	项目	烟花	鞭炮	合计
当期准予扣除的委托加工应税消费品已纳税款计算	期初库存委托加工应税消费品已纳税款		4654.20	—
	当期收回委托加工应税消费品已纳税款		13487.56	—
	期末库存委托加工应税消费品已纳税款		6873.15	—
	当期准予扣除委托加工应税消费品已纳税款		11268.61	11268.61
当期准予扣除的外购应税消费品已纳税款计算	期初库存外购应税消费品买价	2985.00		—
	当期购进应税消费品买价	11255.60		—
	期末库存外购应税消费品买价	2563.00		—
	外购应税消费品适用税率	15%		—
	当期准予扣除外购应税消费品已纳税款	1751.64		1751.64
本期准予扣除税款合计		1751.64	11268.61	13020.25

填表说明:
(1) 本表作为《其他应税消费品消费税纳税申报表》的附报资料,由外购或委托加工收回应税消费品后连续生产应税消费品的纳税人填报。
(2) 本表"应税消费品名称"填写化妆品、珠宝玉石、鞭炮焰火、汽车轮胎、摩托车(排量 > 250 毫升)、摩托车(排量 ≤ 250 毫升)、高尔夫球及球具、木制一次性筷子、实木地板。
(3) 根据《国家税务总局关于用外购和委托加工收回的应税消费品连续生产应税消费品征收消费税问题的通知》的规定,本表"当期准予扣除的委托加工应税消费品已纳税款"计算公式如下:

$$当期准予扣除的委托加工应税消费品已纳税款 = 期初库存委托加工应税消费品已纳税款 + 当期收回委托加工应税消费品已纳税款 − 期末库存委托加工应税消费品已纳税款$$

(4) 根据《国家税务总局关于用外购和委托加工收回的应税消费品连续生产应税消费品征收消费税问题的通知》的规定,本表"当期准予扣除的外购应税消费品已纳税款"计算公式如下:

$$当期准予扣除的外购应税消费品已纳税款 = (期初库存外购应税消费品买价 + 当期购进应税消费品买价 − 期末库存外购应税消费品买价) × 外购应税消费品适用税率$$

(5) 本表"本期准予扣除税款合计"为本期外购及委托加工收回应税消费品后连续生产应税消费品准予扣除应税消费品已纳税款的合计数,应与《其他应税消费品消费税纳税申报表》中对应项目一致。
(6) 本表为 A4 竖式,所有数字小数点后保留两位。一式两份,一份纳税人留存,一份税务机关留存。

准予扣除消费税凭证明细表如表 13-29 所示。

表 13-29　　　　　　　　　　准予扣除消费税凭证明细表

应税消费品名称	凭证类别	凭证号码	开票日期	数量	金额（元）	适用税率	消费税税额（元）
鞭炮	代收代缴凭证	财税字〔2011〕126号	2011-11-5	9800	60270.00	15%	9040.50
鞭炮	代收代缴凭证	财税字〔2011〕196号	2011-11-12	4000	19647.06	15%	2947.06
烟花	增值税专用发票	85412035	2011-11-21	2962	11255.60	15%	1688.34
合计	—	—	—	—	—	—	15175.90

填表说明：
(1) 本表作为《其他应税消费品消费税纳税申报表》的附报资料，由外购或委托加工收回应税消费品后连续生产应税消费品的纳税人填报。
(2) 本表"应税消费品名称"填写高尔夫球及球具、木制一次性筷子、实木地板。
(3) 本表"凭证类别"填写准予扣除凭证名称，如：增值税专用发票、海关进口消费税专用缴款书、代扣代收税款凭证。
(4) 本表"凭证号码"填写准予扣除凭证的号码。
(5) 本表"开票日期"填写准予扣除凭证的开票日期。
(6) 本表"数量"填写准予扣除凭证载明的应税消费品数量，并在本栏中注明计量单位。
(7) 本表"金额"填写准予扣除凭证载明的应税消费品金额。
(8) 本表"适用税率"填写应税消费品的适用税率。
(9) 本表"消费税税额"填写凭该准予扣除凭证申报抵扣的消费税税额。
(10) 本表为 A4 竖式，所有数字小数点后保留两位。一式两份，一份纳税人留存，一份税务机关留存。

本期代收代缴税额计算表如表 13-30 所示。

表 13-30　　　　　　　　本期代收代缴税额计算表　　　　　　　　单位：万元

项目	烟花			合计
适用税率	15%			—
受托加工数量	25000			—
同类产品销售价格				
材料成本	8685.00			
加工费	3000.00			

续表

项目	烟花			合计
组成计税价格	13747.06			—
本期代收代缴税款	2062.06			2062.06

填表说明:
(1) 本表作为《其他应税消费品消费税纳税申报表》的附报资料,由应税消费品受托加工方填报。
(2) 本表"应税消费品名称"和"税率"按照以下内容填写:
化妆品:30%;贵重首饰及珠宝玉石:10%;金银首饰(铂金首饰、钻石及钻石饰品):5%;鞭炮焰火:15%;汽车轮胎:3%;摩托车(排量>250毫升):10%;摩托车(排量≤250毫升):3%;高尔夫球及球具:10%;高档手表:20%;游艇:10%;木制一次性筷子:5%;实木地板:5%。
(3) 本表"受托加工数量"的计量单位是:汽车轮胎为套;摩托车为辆;高档手表为只;游艇为艘;实木地板为平方米;木制一次性筷子为万双;化妆品、贵重首饰及珠宝玉石(含金银首饰、铂金首饰、钻石及钻石饰品)、鞭炮焰火、高尔夫球及球具按照受托方实际使用的计量单位填写并在本栏中注明。
(4) 本表"同类产品销售价格"为受托方同类产品销售价格。
(5) 根据《中华人民共和国消费税暂行条例》的规定,本表"组成计税价格"的计算公式如下:
$$组成计税价格 = (材料成本 + 加工费) \div (1 - 消费税税率)$$
(6) 根据《中华人民共和国消费税暂行条例》的规定,本表"本期代收代缴税款"的计算公式如下:
①当受托方有同类产品销售价格时:
$$本期代收代缴税款 = 同类产品销售价格 \times 受托加工数量 \times 适用税率$$
②当受托方没有同类产品销售价格时:
$$本期代收代缴税款 = 组成计税价格 \times 适用税率$$
(7) 本表为A4竖式,所有数字小数点后保留两位。一式两份,一份纳税人留存,一份税务机关留存。

生产经营情况表如表13-31所示。

表13-31　　　　　　　　　　　生产经营情况表　　　　　　　　　　　单位:克

项目					
生产数量					
销售数量					
委托加工收回应税消费品直接销售数量					
委托加工收回应税消费品直接销售额					
出口免税销售数量					
出口免税销售额					

填表说明:
(1) 本表为年报,作为《其他应税消费品消费税纳税申报表》的附报资料,由纳税人于年度终了后真写,次年1月份办理消费税纳税申报时报送。
(2) 本表"应税消费品""销售数量"填写要求同《其他应税消费品消费税纳税申报表》。
(3) 本表"生产数量",填写本期生产的产成品数量,计量单位应与销售数量一致。
(4) 本表"出口免税销售数量"和"出口免税销售额"为享受出口免税政策的应税消费品销售数量和销售额。
(5) 本表计量单位:汽车轮胎为套;摩托车为辆;高档手表为只;游艇为艘;实木地板为平方米;木制一次性筷子为万双;化妆品、贵重首饰及珠宝玉石(含金银首饰、铂金首饰、钻石及钻石饰品)、鞭炮焰火、高尔夫球及球具按照纳税人实际使用的计量单位填写并在本栏中注明。
(6) 本表为A4竖式。所有数字小数点后保留两位。一式两份,一份纳税人留存,一份税务机关留存。

第十四章 所得税实验案例

第一节 企业所得税实验

一、企业基本信息

广州诚信电子科技股份有限公司成立于1998年2月13日（开业日期）

纳税人识别号：357856383517165

纳税人海关编号：3357813752

公司名称：广州诚信电子科技股份有限公司

电话：020-85621036

纳税人编码：1106253126

网上报税密码：22073824

法人名称：朱龙江

传真：020-85621036

注册地址：广州市花都区登山大道853号

所属行业：通信终端设备制造

行业代码：4013

营业地址：广州市花都区登山大道853号

邮编：512360

注册类型：股份有限公司

注册资本：8000万元

主管税务机关代码：122645

增值税纳税类型：一般纳税人

主管税务机关名称：广州市花都区税务局

纳税优惠：无

监控标志：国家重点税源户

开户银行：中国工商银行广州花都支行

信用度：A

开户账号：6541023587412358963

财务负责人：郭泰安

经济性质：股份有限公司

所在省份：广东

办税人员：韩远致

员工人数：1500

会计档案存放地：财务室

办税电话：020 - 85621037

资产总额：19000 万元

会计核算软件：用友 U8

企业实行计税工资计税办法，税局核定人均月计税工资费用扣除标准 3500 元。

固定资产折旧采用年限平均法（即直线法）。存货成本计价方法：移动加权平均法。所得税计算方法：资产负债表债务法。

坏账核算方式采用备抵法核算，期初坏账余额（会计）为 2681500.00 元，期初坏账余额（税法）为 2681500.00 元。

广告费税前扣除比例为 15%，职工福利费扣除比例为 14%，工会经费扣除比例为 2%，职工教育经费扣除比例为 2.5%。

以前年度转接股权转让损失余额为 0。

企业是查账征收，非汇总纳税企业。

年度纳税申报方式：按季度申报。

预缴方式：按实际数预缴，2016 年前三个季度已实际预缴企业所得税 1439738.26 元。

工资费用扣除方法：计税工资。

2016 年实际经营月份为 12 个月。

境外所得已纳税款抵扣方法：分国不分项限额抵免。

企业股东及相关信息如表 14-1 所示。

表 14-1　　　　　　　　　　企业股东及相关信息

股东名称	证件种类	证件号码	经济性质	投资比例	国籍（注册地）
马文平	身份证	446897972013105466	自然人	65%	中国
朱龙江	身份证	446897125633335686	自然人	25%	中国
致尚科技	税务登记证	156984563245632	有限责任公司	10%	广州花都科技路 1 号

二、2018 年经营情况

2018 年全年季度情况如表 14-2 所示。

表 14-2　　　　　　　　　　　2018 年全年季度情况表　　　　　　　　　　单位：元

月份	营业收入	营业成本	营业外收入	营业外成本
1	1000000000	100000000		
2	980000000	97149500		
3	1200000000	110000000		1000000
第一季度合计	3180000000	307149500		1000000
4	966726600	100000000		
5	800000000	100000000		2600000
6	1120000000	130000000		
第二季度合计	2886726600	330000000		2600000
7	720000000	100000000		
8	1080000000	160000000	5983	
9	900000000	140000000		3027900
第三季度合计	2700000000	400000000	5983	3027900
10	760000000	70000000		
11	840000000	80000000		
12	700000000	70000000		
第四季度合计	2300000000	220000000		
全年合计	11566726600	1257149500	5983	6627900

三、前五年亏损情况

前五年亏损情况如表 14-3 所示。

表 14-3　　　　　　　　　　　前五年亏损情况表　　　　　　　　　　　单位：元

	2011 年	2012 年	2013 年	2014 年	2015 年
利润	4500000	-3000000	2800000	1200000	-1500000

四、企业所得税申报资料

2018 年生产经营利润情况如下：
（1）主营业务收入：115600916 元。
HD1308 款手机收入：37866049 元　HD1301 款手机收入：25895421 元
HD1202 款手机收入：14011583 元　HD1198 款手机收入：12984638 元
HD1086 款手机收入：12587050 元　HD1086 款手机收入：12256175 元

注意：其中已经包含：将自产的手机发给公司优秀职工作为福利共 9200 元，视同销售为营业收入。

（2）主营业务成本：12535152 元。

HD1308 款手机成本：4735828 元　HD1301 款手机成本：2823625 元

HD1202 款手机成本：2425625 元　HD1198 款手机成本：915628 元

HD1086 款手机成本：836570 元　HD1086 款手机成本：797876 元

注意：其中已经包含视同销售成本 5000 元。

（3）主营业务税金及附加：58365 元。

包括除增值税以外的企业应缴的其他税额。

（4）其他业务收入：57150 元。

代购代销手续费收入：25612 元；包装物出租收入：31538 元。

（5）其他业务成本：36343 元。

出租包装物成本：20658 元；代购代销成本：15685 元。

（6）视同销售收入：9200 元。

将自产的手机发给公司优秀职工作为福利共 9200 元，视同销售为营业收入，应调增所得额为 9200 元。

（7）营业外收入：5983 元。

出售公司 5 辆废旧货车，获得净收益 5983 元。

（8）销售费用：52718165.22 元。

A. 广告费用：13802170 元（见表 14-4）。

表 14-4　　　　　　　　　广告费用　　　　　　　　　单位：元

项目	广告发布者名称	广告发布者地址	金额
电视广告			
诚信魅力	广东新闻频道	广东省广州市	852260
诚信魅力	中央二台	北京市	11596520
小计			12448780
报纸杂志			814500
诚信事业	广州日报	广州	538890
小计			1353390
合计			13802170

B. 业务宣传费用：1589810 元。

C. 业务招待费用：905669 元。

D. 固定资产折旧：35256016.22 元。

E. 工资：1164500 元。

(9) 资产减值损失：29130 元。

坏账准备金：29130 元（会计按3%计提坏账准备金）（见表 14-5）。

表 14-5　　　　　　　　　　　坏账准备情况表　　　　　　　　　　　单位：元

项目	期初余额	年初坏账准备金余额	本期转回额	本期新增额	期末余额	年末坏账准备金余额	本期计提的坏账准备金
应收账款	2681500	80445	1564000	2535000	3652500	109575	29130

(10) 管理费用：30924017.99 元。

A. 新技术研发费用 4585250 元（未形成无形资产）。

B. 差旅费：684000 元。

C. 会议费：582500 元。

D. 固定资产折旧：19332384.66 元（见表 14-6）。

表 14-6　　　　　　　　　　固定资产折旧情况表

项目	资产原值	折旧额	残值（按残值率10%）
生产用			
房屋建筑物	1058260200	47621709	105826020
机械及其他设备	785962100	70736589	78596210
电子设备	3521368	1056410.4	352136.8
运输工具	1000000	225000	100000
合计		119639708.4	
管理部门			
房屋建筑物	256841252	1157856.34	25684125.2
机械及其他设备	65412898	5887160.82	6541289.8
电子设备	5541225	1662367.5	554122.5
运输工具	1000000	225000	100000
合计		19332384.66	
销售部门			
房屋建筑物	687412965	30933583.43	68741296.5
机械及其他设备	36895491	3320594.19	3689549.1
电子设备	2589462	776838.6	258946.2
运输工具	1000000	225000	100000
合计		35256016.22	

续表

项目	资产原值	折旧额	残值（按残值率10%）
总计			
房屋建筑物	2002514417	90113148.77	200251441.7
机械及其他设备	888270489	79944344.01	88827048.9
电子设备	11652055	3495616.5	1165205.5
运输工具	3000000	675000	300000
合计	2905436961	174228109.3	290543696.1

E. 无形资产、递延资产摊销（公司于2016年1月1日，申请本公司智能手机软件技术专利2630000元，摊销年限15年，采用直线法摊销）：175333.33元。

F. 工资：5535420元。

G. 其他：29130元。

（11）财务费用：12953100元。

A. 利息支出：11880000元（公司因扩大规模，已于2016年1月1日向中国二商银行广州支行申请借款200000000元，贷款期限：8年，年利率为5.94%）。

B. 汇兑损失：390000元。

C. 利息支出：683100元（公司因一时资金不足，向非关联个人借款11500000元，签订借款合同，按照金融企业同期同类贷款利率计息）。

（12）营业外支出：6627900元。

A. 固定资产盘亏：2359900元。

B. 处置固定资产净损失：2268000元。

C. 捐赠支出：2000000元。

企业本年度内于5月26日通过公益性社会团体"乐助会"向湖南水灾灾区捐赠2000000元。

（13）投资收益：1824540.1元。

A. 短期股权投资转让净收入：85000元（深圳天童股票：转让价为275000元，转让成本：190000元）。

B. 集团债券利息收入：941296元（此债券投资成本：380000元）。

C. 国债利息收入：368415.2元（此国债投资成本：250000元）。

D. 权益性投资收益：山西钢铁股份有限公司的股权收入429828.9元（被投资公司所在地：山西太原市迎新街58号，投资时间：2016年5月20日，本公司占该公司的主权为45%，投资成本为250万元）。

（14）工资福利表（见表14-7）。

表 14 – 7　　　　　　　　　　　　　工资福利表　　　　　　　　　　　　　　单位：元

项目	应付工资	应付福利费	应付职工教育经费	应付职工工会经费
生产成本	15214200	2065250		
制造费用	2650210	322250		
销售费用	1025250	139250		
管理费用	3823020	520160	689560	502680
总额	22712680	3046910	689560	502680

（15）年度利润表（见表 14 – 8）。

表 14 – 8　　　　　　　　　　　　　2018 年度利润表

项目	行次	本年发生数
一、营业收入	1	115658066
减：营业成本	2	12571495
营业税金及附加	3	58365
销售费用	4	52718165.22
管理费用	5	30924017.99
财务费用（收益以"-"号填列）	6	12953100
资产减值损失	7	29130
加：公允价值变动净收益（净损失以"-"号填列）	8	
投资收益（净损失以"-"号填列）	9	1824540.10
其中：对联营企业和合营企业的投资收益	10	
二、营业利润（亏损以"-"号填列）	11	8228332.89
加：营业外收入	12	5983
减：营业外支出	13	6627900
其中：非流动资产处置损失	14	
三、利润总额（亏损总额以"-"号填列）	15	1606415.89
减：所得税费用	16	
四、净利润（净亏损以"-"号填列）	17	
五、每股收益	18	
减：所得税费用	19	
六、净利润（净亏损以"-"号填列）	20	

请根据以上数据，填写年度申报表。

第二节 个人所得税实验

一、企业信息资料

纳税人识别号：351026841595210
纳税人海关编码：6525522121
公司名称：呼和浩特市飞翔装饰设计工程有限公司
电话：020-88549876
纳税人编码：621086035521
税务登记证号：8600321
法定代表人：罗清理
传真：020-88960003
注册地址：呼和浩特市兴安北路323号
营业地址：呼和浩特市兴安北路323号
所属行业：服务业
邮编：015100
在职人员总数：13
企业社会保障号：26900003
会计主管：丽娜
办税员：张琴
注册类型：有限责任公司
主管税务机关代码：80020036
主管税务机关名称：呼和浩特市新城区地方税务局
主管征收机关代码：26071369
开户银行：中国工商银行呼和浩特市越秀支行
开户账号：6789125748398906005
财务负责人：王罗汉
经济性质：有限责任公司
省会城市：呼和浩特

二、个人信息资料

（一）国内人员个人信息登记表

国内人员个人信息登记表如表14-9所示。

表 14-9　　　　　　　　　　国内人员个人信息登记表

登记状态	身份证明类别	身份证明号码	纳税人姓名	性别
已登记在职	身份证	360823197709236123	龚建华	男
已登记在职	身份证	640103197802285025	汤江	女
已登记在职	身份证	258410236589412562	马维	女
已登记在职	身份证	341056219520125852	张云	女
已登记在职	身份证	154268954120365214	李永	男
已登记在职	身份证	651023841202595721	杨辉	男
已登记在职	身份证	510236984102563254	贺君	男
已登记在职	身份证	812563024752015710	温光荣	男
已登记在职	身份证	254123654874125244	柳燕	女
已登记在职	身份证	354126874125963541	王芳	女
已登记在职	身份证	687412596302145544	李红	女
新登记在职	身份证	650105198311025156	汤唯	女
新登记在职	身份证	640103197802285575	汤江	男
新登记在职	身份证	530204196705094520	马亮	男
新登记在职	身份证	440823197709235240	肖斌	男

用工方式	工资收入是否采用年薪制	个人参保号	职务	职业
城镇户籍职工	是	09236123	总经理	其他
城镇户籍职工	是	02285025	副总经理	
城镇户籍职工	是	89412562	设计部门经理	设计师
城镇户籍职工	否	20125852	设计人员	
城镇户籍职工	否	20365214	技术部总管	建筑工程师
城镇户籍职工	否	02595721	技术部监管	
农民工	否	02563254	装修工	
农民工	否	52015710	装修工	
城镇户籍职工	否	74125244	财务经理	注册会计师
城镇户籍职工	否	25963541	会计	中级会计
城镇户籍职工	否	02145544	出纳	
城镇户籍职工	否	11025156	其他人员	
城镇户籍职工	否	02285575	其他人员	
城镇户籍职工	否	05094520	其他人员	
城镇户籍职工	否	09235240	其他人员	

续表

入职时间	纳税证明送达方式	通信地址	邮政编码	联系电话	个人查询密码
2005.01.01	邮寄	广东省广州市越秀北路323号	512362	13956200088	360823
2005.01.01	邮寄	广东省广州市越秀北路324号	512362	020-88549877	640103
2005.02.15	邮寄	广东省广州市越秀北路325号	512362	020-88549878	258410
2007.01.01	邮寄	广东省广州市越秀北路326号	512362	020-88549879	341056
2005.04.09	邮寄	广东省广州市越秀北路327号	512363	020-88549880	154268
2005.06.30	邮寄	广东省广州市越秀北路328号	512364	020-88549881	651023
2007.08.15	邮寄	广东省广州市越秀北路329号	512365	13835802521	510236
2007.08.15	邮寄	广东省广州市越秀北路330号	512366	020-88549883	812563
2005.03.11	邮寄	广东省广州市越秀北路327号	512362	020-88549880	254123
2006.07.22	邮寄	广东省广州市越秀北路328号	512362	020-88549881	354126
2008.09.26	邮寄	广东省广州市越秀北路329号	512362	020-88549882	687412
2014.12.03	邮寄	广东省广州市越秀北路330号	512362	020-88549883	650105
2014.12.03	邮寄	广东省广州市越秀北路331号	512362	13312360252	022855
2014.12.03	邮寄	广东省广州市越秀北路332号	512362	13567060244	094520
2014.12.03	邮寄	广东省广州市越秀北路333号	512362	13866660252	235240

（二）外籍人员及港澳台同胞个人信息登记表

外籍人员及港澳台同胞个人信息登记表如表14-10所示。

表14-10　　　　外籍人员及港澳台同胞个人信息登记表

登记状态	身份证明类别	身份证明号码	中文姓名	纳英文姓名	性别	出生年月日
已登记在职	护照	2589632	艾布特	Abute	男	1972-8-26
已登记在职	护照	6512845	阿加莎	Ajisa	女	1975-2-6

国籍	何国税收居民	境内有无住所	工资收入是否采用年薪制	职务	职业	纳税证明送达方式	境外住址
英国	中国	有	是	高级建筑顾问	装修工程师	邮寄	
美国	美国	无	是	高级设计顾问	设计师	邮寄	

境外服务单位	境内通信地址	邮政编码	联系电话	来华工作日期	入职日期	个人查询密码
	广东省广州市越秀北路323号	512362	020-88549876	2008.12.8	2014.01.5	456123
美国怡美建筑设计院	广东省广州市越秀北路323号	512362	020-88549876	2007.12.26	2014.06.6	784450

三、人员申报数据

(一) 国内人员申报数据

国内人员申报数据如表 14-11 所示。

表 14-11 国内人员申报数据

序号	纳税人姓名	身份证照类型	身份证照号码	国籍	所得项目	所得期间	收入额	免税收入额	允许扣除的税费	费用扣除标准	通过公益组织的捐赠的金额	准予扣除的捐赠额	应纳税所得额	税率	速算扣除数	应扣税额	已扣税额	备注
1	2	3	4	5	6	7	8	9	10	11		12					17	18
2	龚建华	身份证	360823197709236123	中国	工资薪金	2012.3.1~2012.3.31	27800	210	0		1000						0	
3	汤江	身份证	640103197802285025	中国	工资薪金	2012.3.1~2012.3.31	25300	210	0		800						0	
4	汤江	身份证	640103197802285025	中国	股利	2012.3.1~2012.3.31	108888		0		15000						0	
5	马维	身份证	258410236589412562	中国	工资薪金	2012.3.1~2012.3.31	10800.00	210	0		800.00						0	
6	张云	身份证	341056219520125852	中国	工资薪金	2012.3.1~2012.3.31	6700	140	0		900.00						0	
7	李永	身份证	154268954120365214	中国	工资薪金	2012.3.1~2012.3.31	11300	210	0		500.00						0	
8	杨辉	身份证	651023841202595721	中国	工资薪金	2012.3.1~2012.3.31	10800	210	0		2000.00						0	
9	贺君	身份证	510236984102563254	中国	工资薪金	2012.3.1~2012.3.31	4100	70	0		50.00						0	
10	温光荣	身份证	812563024752015710	中国	工资薪金	2012.3.1~2012.3.31	5100	70	0		50.00						0	
11	柳燕	身份证	254123654874125244	中国	工资薪金	2012.3.1~2012.3.31	10300	0	0		300.00						0	
12	王芳	身份证	354126874125963541	中国	工资薪金	2012.3.1~2012.3.31	13700	7640	0		250.00						0	
13	李红	身份证	687412596302145000	中国	工资薪金	2012.3.1~2012.3.31	5000	140	0		50.00						0	
14	陈拉西	身份证	487512360259841205	中国	劳动报酬	2012.3.1~2012.3.31	50000	0	0		12000						0	
15	汤唯	身份证	650105198311025218	中国	红利所得	2012.3.1~2012.3.31	118700	0	0		36000						0	
16	马亮	身份证	530204196705094324	中国	红利所得	2012.3.1~2012.3.31	66780	0	0		15000						0	
17	肖斌	身份证	440823197709235418	中国	红利所得	2012.3.1~2012.3.31	55430	0	0		5000						0	

(二) 国外人员申报数据

国外人员申报数据如表 14-12 所示。

表 14-12 国外人员申报数据

纳税人姓名	身份证明类别	身份证明号	国籍	是否税收协定国	本年在华累计居住天数	本月在华工作天数	本年一次离境最长天数	所得税项目	所得税子项目	本次申报收入额境外企业支付额(元)	本次申报收入额境内企业支付额(元)	应扣税额	税款负担方式
艾布特	护照	g2589632l	英国	是	365	30	0	工资薪金所得	月度工资薪金	68000	38100		纳税人自行负担
阿加莎	护照	g65128452	美国	否	50	24	60	工资薪金所得	月度工资薪金	98860	38800		纳税人自行负担
Mary	护照	G23214323	法国	是	180	20	90	工资薪金所得	月度工资薪金	6000	8000		

第十五章 综合实验案例

第一节 企业筹建期实验

 一、企业筹建说明

2017年9月,肖建军、刘明山、王大为三人讨论筹办一个高档手表制造和销售公司,经过讨论一致决定10月进行筹办企业,投资1500万元人民币注册有限责任公司,其中肖建军投资人民币750万元,刘明山投资人民币375万元,王大为投资人民币375万元,委托肖建军(身份证号码450312196208064521,固定电话020-81394478,手机13755486209)去办理工商登记事宜。厂房建筑面积共1500平方米。公司设总经理办公室、财务部、行政部、销售采购部、生产部五个部门,其中生产部设有电镀车间、加工车间和组装车间三个基本生产车间,主要从事华美系列手表的生产。

 二、企业筹建业务汇总

(1) 10月8日,三个股东商议建立公司,起名并委托一个股东办理,去工商局办理名称预先核准。

(2) 10月9日,委托其中一个股东去租厂房,签订租用合同,个人预付款。

(3) 10月10日,去工商局办理企业设立的登记并在当天取得营业执照。

(4) 10月10日,请装修公司装修厂房并支付装修费并招聘会计和出纳以及会计主管。

(5) 10月11日,去指定刻章公司刻章并取章。

(6) 10月13日,到银行申请办理开立银行基本账户。

(7) 10月15日,去商务部外经贸局办理对外贸易经营者备案登记。

(8) 10月16日,办理一般纳税人资格登记及防伪税控认定申请。

(9) 10月18日,领取《开户许可证》。

(10) 10月18日,携带相关资料到银行办理委托缴税业务。

（11）10月18日，携带相关资料到银行办理委托扣款业务（包括代扣水费、电费、话费）。

（12）10月18日，开通企业网银业务。

（13）10月19日，企业到地税找专员进行新开企业报到备案工作。

（14）10月19日，企业到国税找专员进行新办企业报到备案工作。

（15）10月19日，企业办事员到国税局申办CA数字证书。

（16）10月20日，去海关办理进出口货物收发货人报关注册登记。

（17）10月23日，参保登记——人员参保确认（人力资源和社会保障局）。

（18）10月23日，参保登记——缴费登记（地税局）。

（19）10月23日，参保登记——签约手续（开户银行）。

（20）10月23日，参保登记——审核确认（地税局）。

（21）10月25日，去海关办理报关专用章海关备案。

（22）10月25日，去海关办理报关员备案登记。

（23）10月26日，去海关办理电子口岸IC卡。

（24）10月28日，去海关领取电子口岸IC卡。

（25）11月1日，签订进口机芯的进口合同并收到对方公司发出的形式发票。

三、企业筹建业务实验说明

根据《公司法》，公司不设董事会、监事会，由法人代表肖建军担任执行董事，股东王大为担任监事。

第二节 企业经营期实验

一、企业概况

企业名称：广州市华美手表制造有限公司

注册地址：广州市海珠区新港西路48号新港大厦一层

联系电话：020 - 81394478

法人代表：肖建军

注册资金：人民币1500元整

其中：肖建军投资人民币750万元，刘明山投资人民币375万元，王大为投资人民币375万元。

企业类型：手表制造企业

经营范围：从事手表的生产、销售

生产组织：基本生产车间三个——电镀车间、加工车间、组装车间

社会统一信用代码：914401005046882925（工商注册号、纳税人识别号/纳税人编号、组织机构代码均统一使用此号码作为企业唯一识别码）（数据随学生建立案例变动）

财务副总：刘明山

会计主管：陈量一

会计：陈鹏

出纳：何飞武

身份证：440101199002151326

发证机关：广州市越秀区公安局

广州市华美手表制造有限公司成立于 2015 年，注册资本为 1500 万元人民币。厂房建筑面积共 1500 平方米。公司设总经理办公室、财务部、行政部、销售采购部、生产部五大部门，其中生产部设有电镀车间、加工车间和组装车间三个基本生产车间，主要从事华美系列手表的生产。

二、工艺流程简介

（1）该企业主要产品的生产工艺流程是：首先由电镀车间根据生产计划切割、打磨、电镀、激光各种零件，经检验合格后送加工车间加工镶嵌。

（2）组装车间由原材料仓库领用各种原材料连同由自制半成品仓库领来的各种自制半成品组装成各种手表，经过检验合格后送交产成品仓库。

（3）该企业主要产品为 EP 女式手表、EP 男式手表、EV 女式手表、EV 男式手表、EX 女式手表、EX 男式手表六款产品。产品主要以表壳、表盖、自制表盘、表带等组装而成，每件产品都必须配备金属表带、真皮表带各一条，包装盒各一个。

三、企业部分财务会计制度

企业执行《会计法》《企业会计准则》《企业会计准则应用指南》。

1. 流动资产

（1）库存现金限额为 20000 元。

（2）银行存款开立一个基本存款账户：中国工商银行新港西路支行。

账号：662202088836620885（数据随学生建立案例变动）。

（3）材料日常收发按实际成本核算。发出材料的实际成本采用月末一次加权平均法计算结转、黄金与钻石等贵重材料采用先进先出法月末集中核算。

（4）本企业周转材料—包装物领用时采用一次摊销法（不需设在库、在用、摊销明细核算），发出成本采用月末一次加权平均法核算；周转材料—低值易耗品领用时采用五五摊销法（需要设在库、在用、摊销明细核算），发出成本采用先进先出法核算，

领用时由在库转为在用，当期期末摊销本期领用金额的 50%。

（5）本企业自制零件分为各种型号的表盘，电镀车间制作表盘半成品不需要入库，直接移交加工车间（一般无在产品）。加工车间生产自制表盘需入库，以库存商品科目核算。发出自制表盘的实际成本采用月末一次加权平均法核算。

（6）本企业库存商品的收发按实际成本核算。发出库存商品的实际成本按月末一次加权平均法核算。

（7）每年年末计提坏账准备，主要根据"应收账款、长期应收款"进行核算，提取比例为 0.3%，应收款项若为贷方余额，则不必计提坏账准备，亦不冲减坏账准备。

2. 固定资产

固定资产提取折旧均采用平均年限法，其中机械设备至少 10 年，预计残值率为 4%；运输工具至少 4 年，预计残值率为 4%；电子电器设备至少 3 年、办公设备至少 5 年，预计残值率为 2%。

固定资产的中小修理费用，直接记入当月的有关费用，大修理费采用预提的方法进行核算。

3. 无形资产及其他长期资产

该公司拥有使用寿命有限的无形资产，自取得当月起对无形资产在使用寿命内进行合理摊销。

4. 产品成本核算

（1）该公司各车间成本计算采用品种法。

（2）各车间材料一次投入按对应领用对象归集、不能分清领用对象按产量分配，直接人工、制造费用按产品定额工时分配。

①直接材料。直接材料包括生产经营过程中实际消耗的原料及主要材料、辅助材料、外购件、燃料、产品生产过程作为外包装的包装物以及其他直接材料。

②直接人工。直接人工包括直接从事产品生产人员的全部工资、职工福利费、社会保险等应付职工薪酬。

③制造费用。制造费用包括各个生产车间为组织和管理生产所发生的生产车间管理人员薪酬、固定资产折旧费、生产设备修理费、水电费、机物料消耗、周转材料消耗等。

（3）月末生产费用在在产品与完工产品之间的成本分配采用定额成本法。

（4）制造费用在各基本车间中按额定生产工时分配。

（5）各分配率保留小数点后四位数，其余会计核算保留两位小数，分配成本费用过程产生的尾数由计算表最后一个项目（产品）承担，计算发出、领用、销售成本时产生尾数由结存项目承担（若当期结存为 0 时，发出、领用、销售成本直接等于发出、领用、销售前的库存的金额）。

5. 税费及计提费用

（1）增值税。

①该企业为增值税一般纳税人（辅导期）。

②增值税税率为17%。

(2) 消费税。

该企业为高档手表生产销售企业,为消费税纳税人,消费税税率为20%。

(3) 城市维护建设税。

①计税金额:以企业实际缴纳的增值税、消费税的税额为计征依据。

②税率:税务部门核定为7%。

(4) 教育费附加。

①计税金额:以企业实际缴纳的增值税、消费税的税额为计征依据。

②征收率:3%。

(5) 企业根据规定代缴员工个人所得税(见表15-1)。

表15-1　　　　　　　　个人所得税税率表(工资、薪金所得适用)

级数	全月应纳税所得额		税率(%)	速算扣除数
	含税级距	不含税级距		
1	不超过1500元的	不超过1455元的	3	0
2	1500~4500元的部分	1455~4155元的部分	10	105
3	4500~9000元的部分	4155~7755元的部分	20	555
4	9000~35000元的部分	7755~27255元的部分	25	1005
5	35000~55000元的部分	27255~41255元的部分	30	2755
6	55000~80000元的部分	41255~57505元的部分	35	5505
7	超过80000元的部分	超过57505元的部分	45	13505

(6) 企业所负担的车船税、印花税等根据国家税法规定计提缴纳。

(7) 企业所计提的职工养老保险金、职工工伤保险金、职工失业保险金、职工医疗保险金、职工重大疾病补助、生育保险金分别以最低计提基数3000元的22%(企业承担14%、个人承担8%)、0.2%(企业承担0.2%)、0.68%(企业承担0.48%、个人承担0.2%)、9%(企业承担7%、个人承担2%)、0.26%(企业承担0.26%)、0.85%(企业承担0.85%)计算。房屋公积金按基本工资计提(企业承担5%、个人承担5%)。

(8) 企业所计提的工会经费按职工工资总额的2%计提。

(9) 企业所得税税率为25%(企业所得按月预缴,年终汇结,按月计提)。

6. 费用核算

(1) 采购销售部门发生的采购费用计入销售费用。

(2) 差旅费报销规定,城际交通费(依据飞机票、火车票、车票等票据实报实销),住宿费(最高报销标准200元/晚、低于200元实报实销),补贴100元/人·日

（出发与归来当日按 0.5 天），市内交通费、餐费等其他费用依据实报实销。因公出国的人员出差期间每天除基本补贴 100 元/人·日，还有额外住宿补贴 200 元/人·日、伙食补贴 100 元/人·日、交通补贴 150 元/人·日（合计补贴 550 元/人·日）。由公司预先垫付购买机票、车票、火车票等费用先作为借支费用计入其他应收款，待回来一并报销。

（3）筹建期发生的开办费用按照 5 年的期限分期摊销计入管理费用。

（4）报销人填写支付证明单或者差旅费报销单，将支付证明单、发票等单据上交后，100000 元以下（含 100000 元）由财务副总审核，100000 元以上至 200000 元以下（含 200000 元）由总经理审核，如超出 200000 元由股东大会审批并以会议纪要作为报销凭证（股东大会省略）。该业务的支付证明单由财务副总刘明山审核。

（5）出纳根据审核的单据报销，若为现金支付时，支付证明单上需加盖现金付讫章；若为收回余款则要开具收据加盖企业财务章，现金收回时，要盖现金收讫章。

7. 坏账准备

坏账准备的计提比例为 0.3%。

8. 利润分配

（1）税前利润弥补以前年度亏损，经过五年期未足额弥补的，未弥补亏损应用所得税后的利润弥补。

（2）盈余公积提取比例为：法定盈余公积 10%，提取数额达到注册资本 50%，则不再提取；任意盈余公积为 10%。

9. 企业的核算形式

（1）企业使用广州市标准记账凭证，凭证字采用"记"一种凭证字号。

（2）企业采用科目汇总表会计核算形式。在月末最后一天编制科目汇总表，并登记总账。

（3）企业损益结转采用账结法。

（4）库存现金日记账需要日结，银行存款日记账无须日结。

（5）先进先出法下核算的存货数量金额明细账期末不填列单价，库存商品数量金额明细账及往来明细账无须月结。

10. 基本资料（见表 15-2~表 15-4）

表 15-2　　　　　　　　　电镀车间产品额定工时表

产品名称	2.5 表盘半成品	3.0 表盘半成品	3.5 表盘半成品	4.0 表盘半成品	4.5 表盘半成品	5.0 表盘半成品
本期完工数量	100	80	71	62	56	50
单位额定工时	1.5	1.25	1.4	1.5	1.6	1.36

表15-3　　　　　　　　　　加工车间产品额定工时表

产品名称	华美2.5表盘	华美3.0表盘	华美3.5表盘	华美4.0表盘	华美4.5表盘	华美5.0表盘
本期完工数量	100	80	71	62	56	50
单位额定工时	1.2	1.6	1.8	1.9	1.9	2
在产品数量						
在产品单位额定工时	0.6	0.8	1	1	1	1

表15-4　　　　　　　　　　组装车间产品额定工时表

产品名称	EP女式手表	EP男式手表	EV女式手表	EV男式手表	EX女式手表	EX男式手表
本期完工数量	50	50	50	50	50	50
单位工时	8	8.4	8.4	8.6	9	11.6
在产品数量						
在产品单位额定工时	4	4.2	4.2	4.3	4.5	5.8

四、11月发生的经济业务汇总

注：除了经济业务，企业必须在进口业务发生之前去外汇局办理进口付汇备案，并在进口业务结束后办理进口付汇核销。

（1）2017年11月1日，确认实收资本。

（2）2017年11月1日，财务部陈鹏报销购买账簿及记账凭证。

（3）2017年11月1日，报销筹建期发生的开办费。

（4）2017年11月1日，报销租金。

（5）2017年11月1日，报销购买电子设备费用。

（6）2017年11月1日，支付人力资源公司招聘费。

（7）2017年11月1日，购买支票。

（8）2017年11月1日，购买业务委托书。

（9）2017年11月1日，企业定制工作服。

（10）2017年11月1日，提取现金备用。

（11）2017年11月1日，报销业务招待费。

（12）2017年11月1日，报销购买办公用家具费。

（13）2017年11月1日，报销购买生产设备费用。

（14）2017年11月2日，预付采购机芯定金。

（15）2017年11月2日，支付采购表带定金。

(16) 2017年11月2日，支付采购表壳、表盖定金。
(17) 2017年11月2日，支付钛合板运输费。
(18) 2017年11月2日，采购钛合板。
(19) 2017年11月2日，采购黄金。
(20) 2017年11月2日，采购钻石。
(21) 2017年11月2日，报销采购茶具费用。
(22) 2017年11月2日，订购水。
(23) 2017年11月2日，借支购买办公用品。
(24) 2017年11月2日，收到报装电话扣费单。
(25) 2017年11月2日，采购氧化铝合粉。
(26) 2017年11月2日，报销购买办公用品。
(27) 2017年11月2日，借支支付培训费。
(28) 2017年11月2日，购买税控设备。
(29) 2017年11月3日，报销培训费。
(30) 2017年11月3日，借支举办开业典礼。
(31) 2017年11月3日，提现备用。
(32) 2017年11月3日，报销制作形象牌费用。
(33) 2017年11月4日，报销开业庆典酒宴费。
(34) 2017年11月4日，收到礼金。
(35) 2017年11月4日，将收到礼金送存银行。
(36) 2017年11月4日，工作服入库并支付剩余货款。
(37) 2017年11月4日，生产部电镀车间领用工作服。
(38) 2017年11月4日，电镀车间领用氧化铝合粉。
(39) 2017年11月4日，电镀车间领用钛合板。
(40) 2017年11月4日，借支差旅费。
(41) 2017年11月5日，生产部加工车间领用工作服。
(42) 2017年11月5日，借支购买组装工具。
(43) 2017年11月5日，订购包装盒。
(44) 2017年11月5日，报销购买考勤机费用。
(45) 2017年11月6日，机芯入库，支付剩余款项。
(46) 2017年11月6日，报销购买组装工具费用。
(47) 2017年11月7日，电镀车间移交半成品给加工车间。
(48) 2017年11月7日，加工车间领用黄金。
(49) 2017年11月7日，加工车间领用钻石。
(50) 2017年11月7日，表壳、表盖入库，支付剩余款项。
(51) 2017年11月7日，表带入库，剩余货款未付。

（52）2017 年 11 月 7 日，报销购买咖啡费用。

（53）2017 年 11 月 7 日，报销差旅费。

（54）2017 年 11 月 8 日，生产部组装车间领用工作服。

（55）2017 年 11 月 8 日，包装盒入库。

（56）2017 年 11 月 8 日，支付聘请律师顾问费。

（57）2017 年 11 月 8 日，借支差旅费。

（58）2017 年 11 月 9 日，电镀车间移交半成品给加工车间。

（59）2017 年 11 月 9 日，加工车间自制半成品入库。

（60）2017 年 11 月 9 日，加工车间领用黄金。

（61）2017 年 11 月 9 日，加工车间领用钻石。

（62）2017 年 11 月 9 日，生产部组装车间领用机芯。

（63）2017 年 11 月 9 日，生产部组装车间领用表壳、表盖。

（64）2017 年 11 月 9 日，生产部组装车间领用组装工具。

（65）2017 年 11 月 9 日，生产部组装车间领用表带。

（66）2017 年 11 月 9 日，生产部组装车间领用华美 2.5 表盘。

（67）2017 年 11 月 10 日，生产部设计科预定下年度杂志。

（68）2017 年 11 月 10 日，生产部组装车间领用包装盒。

（69）2017 年 11 月 10 日，报销购买装订机费用。

（70）2017 年 11 月 11 日，电镀车间移交半成品给加工车间。

（71）2017 年 11 月 11 日，支付培训费。

（72）2017 年 11 月 11 日，报销招待培训老师餐费。

（73）2017 年 11 月 12 日，生产部组装车间产成品入库。

（74）2017 年 11 月 12 日，加工车间自制半成品入库。

（75）2017 年 11 月 12 日，盘点库存现金。

（76）2017 年 11 月 12 日，生产部组装车间领用表盘。

（77）2017 年 11 月 12 日，生产部组装车间领用表壳、表盖。

（78）2017 年 11 月 12 日，生产部组装车间领用机芯。

（79）2017 年 11 月 12 日，生产部组装车间领用表带。

（80）2017 年 11 月 12 日，加工车间领用黄金。

（81）2017 年 11 月 12 日，加工车间领用钻石。

（82）2017 年 11 月 12 日，报销差旅费。

（83）2017 年 11 月 13 日，电镀车间移交半成品给加工车间。

（84）2017 年 11 月 13 日，预付广告费。

（85）2017 年 11 月 13 日，提取现金备用。

（86）2017 年 11 月 14 日，报销接待客户餐费。

（87）2017 年 11 月 14 日，报销购买礼品费用。

（88）2017 年 11 月 14 日，报销客户住宿费。

（89）2017 年 11 月 14 日，支付租车费。

（90）2017 年 11 月 15 日，电镀车间移交半成品给加工车间。

（91）2017 年 11 月 15 日，支付专家顾问费。

（92）2017 年 11 月 15 日，生产部组装车间产成品入库。

（93）2017 年 11 月 15 日，加工车间自制半成品入库。

（94）2017 年 11 月 15 日，生产部组装车间领用华美 3.5 表盘。

（95）2017 年 11 月 15 日，生产部组装车间领用表壳、表盖。

（96）2017 年 11 月 15 日，生产部组装车间领用机芯。

（97）2017 年 11 月 15 日，加工车间领用黄金。

（98）2017 年 11 月 15 日，加工车间领用钻石。

（99）2017 年 11 月 16 日，网上购买欧洲瑞士机票。

（100）2017 年 11 月 16 日，收到退回押金。

（101）2017 年 11 月 16 日，借支差旅费。

（102）2017 年 11 月 16 日，销售商品。

（103）2017 年 11 月 16 日，电镀车间移交半成品给加工车间。

（104）2017 年 11 月 17 日，加工车间自制半成品入库。

（105）2017 年 11 月 17 日，加工车间领用黄金。

（106）2017 年 11 月 17 日，加工车间领用钻石。

（107）2017 年 11 月 17 日，处置盘盈现金。

（108）2017 年 11 月 18 日，生产部组装车间产成品入库。

（109）2017 年 11 月 18 日，组装车间领用表盘。

（110）2017 年 11 月 18 日，生产部组装车间领用表壳、表盖。

（111）2017 年 11 月 18 日，生产部组装车间领用机芯。

（112）2017 年 11 月 18 日，销售商品。

（113）2017 年 11 月 18 日，报销购买档案袋、信封费用。

（114）2017 年 11 月 19 日，销售采购部门陈铁勇报销车费。

（115）2017 年 11 月 19 日，报销招待客户购入香烟、糖果费用。

（116）2017 年 11 月 19 日，借支差旅费。

（117）2017 年 11 月 19 日，收到货款。

（118）2017 年 11 月 19 日，加工车间自制半成品入库。

（119）2017 年 11 月 19 日，加工车间领用黄金。

（120）2017 年 11 月 19 日，加工车间领用钻石。

（121）2017 年 11 月 20 日，支付剩余广告费。

（122）2017 年 11 月 20 日，报销差旅费。

（123）2017 年 11 月 20 日，支付本月物业管理费。

（124）2017 年 11 月 20 日，预付展览费用。

（125）2017 年 11 月 21 日，加工车间自制半成品入库。

（126）2017 年 11 月 21 日，生产部组装车间产成品入库。

（127）2017 年 11 月 21 日，生产部组装车间领用表盘。

（128）2017 年 11 月 21 日，生产部组装车间领用表壳、表盖。

（129）2017 年 11 月 21 日，生产部组装车间领用机芯。

（130）2017 年 11 月 22 日，报销差旅费。

（131）2017 年 11 月 22 日，预收货款。

（132）2017 年 11 月 23 日，提取现金备用。

（133）2017 年 11 月 23 日，缴纳社保费用。

（134）2017 年 11 月 23 日，购买住房公积金。

（135）2017 年 11 月 23 日，报销接待客户的餐饮费。

（136）2017 年 11 月 23 日，销售商品。

（137）2017 年 11 月 23 日，报销货物运输费。

（138）2017 年 11 月 24 日，生产部组装车间产成品入库。

（139）2017 年 11 月 24 日，生产部组装车间领用表盘。

（140）2017 年 11 月 24 日，生产部组装车间领用表壳、表盖。

（141）2017 年 11 月 24 日，生产部组装车间领用机芯。

（142）2017 年 11 月 25 日，报销招待费。

（143）2017 年 11 月 25 日，支付名片设计及印发费用。

（144）2017 年 11 月 26 日，支付宣传费。

（145）2017 年 11 月 27 日，报销总经办购买钢笔费用。

（146）2017 年 11 月 28 日，报销购入文件夹费用。

（147）2017 年 11 月 29 日，生产部组装车间产成品入库。

（148）2017 年 11 月 30 日，交纳水费。

（149）2017 年 11 月 30 日，交纳电费。

（150）2017 年 11 月 30 日，支付电话费。

（151）2017 年 11 月 30 日，按合约销售商品。

（152）2017 年 11 月 30 日，摊销开办费。

（153）2017 年 11 月 30 日，摊销本月租金厂房。

（154）2017 年 11 月 30 日，计提工资。

（155）2017 年 11 月 30 日，计提社保。

（156）2017 年 11 月 30 日，计提公积金。

（157）2017 年 11 月 30 日，计提工会经费。

（158）2017 年 11 月 30 日，分配电费。

（159）2017 年 11 月 30 日，分配本月水费。

（160）2017年11月30日，计提坏账准备。
（161）2017年11月30日，计算个人代扣代缴费用。
（162）2017年11月30日，摊销本月领用周转材料成本。
（163）2017年11月30日，分配制造费用。
（164）2017年11月30日，计算电镀车间领用原材料成本。
（165）2017年11月30日，计算电镀车间产品成本并转入加工车间。
（166）2017年11月30日，计算加工车间领用材料成本。
（167）2017年11月30日，计算加工车间产品成本。
（168）2017年11月30日，计算组装车间领用自制表盘成本。
（169）2017年11月30日，计算组装车间领用周转材料成本。
（170）2017年11月30日，计算组装车间领用原材料成本。
（171）2017年11月30日，计算组装车间产品成本。
（172）2017年11月30日，结转销售成本。
（173）2017年11月30日，计算本月应交增值税。
（174）2017年11月30日，计算本月应交消费税。
（175）2017年11月30日，计算本月应交城建税、教育费附加。
（176）2017年11月30日，提取现金备用。
（177）2017年11月30日，计算本月应交印花税。

参 考 文 献

1. 注册会计师协会：《税法》，经济科学出版社2012年版。
2. 经庭如、华黎：《税收征收管理实验教程》，天津大学出版社2009年版。
3. 吴旭东：《税务管理》，中国人民大学出版社2008年版。
4. 方卫平、黄琼：《税收电子化》，上海财经大学出版社2003年版。
5. 谭荣华：《税务信息化简明教程》，中国人民大学出版社2001年版。
6. 杨青、李明峰：《企业税收实验教程》，广东经济出版社2011年版。
7. 李海波：《会计学原理》，立信会计出版社2007年版。